Gerenciamento e Controle da Água de Lastro e a Responsabilidade Civil dos Operadores do Sistema

Gerenciamento e Controle da Água de Lastro e a Responsabilidade Civil dos Operadores do Sistema

2013

Fábio José Ibrahin
Policial Federal

GERENCIAMENTO E CONTROLE DA ÁGUA DE LASTRO
E A RESPONSABILIDADE CIVIL DOS OPERADORES DO SISTEMA
© Almedina, 2013

Fábio José Ibrahin

Diagramação: EDIÇÕES ALMEDINA, S.A.
Design de Capa: FBA
ISBN: 978-856-31-8238-8

Dados Internacionais de Catalogação na Publicação (CIP)
(Câmara Brasileira do Livro, SP, Brasil)

Ibrahin, Fábio José
Gerenciamento e controle da água de lastro e a responsabilidade
civil dos operadores do sistema / Fábio José Ibrahin. – São Paulo :
Almedina, 2013. – (Monografias jurídicas)

1. Água de lastro – Aspectos ambientais 2. Direito ambiental
3. Organismos marinhos – Controle 4. Responsabilidade civil
I. Título. II. Série.

13-12277   CDU-34:502.7(81)

Índices para catálogo sistemático:
1. Brasil : Direito ambiental
34:502.7(81)

Este livro segue as regras do novo Acordo Ortográfico da Língua Portuguesa (1990).

Todos os direitos reservados. Nenhuma parte deste livro, protegido por copyright, pode ser reproduzida, armazenada ou transmitida de alguma forma ou por algum meio, seja eletrônico ou mecânico, inclusive fotocópia, gravação ou qualquer sistema de armazenagem de informações, sem a permissão expressa e por escrito da editora.

Dezembro, 2013

Editora: Almedina Brasil
Rua Maria Paula, 122, Cj. 207/209 | Bela Vista | 01319-000 São Paulo | Brasil
editora@almedina.com.br

www.almedina.com.br

Homenagem Especial:

À Francini, minha esposa, luz de minha vida e grande amor, companhia inspiradora que faz de nossos sonhos uma busca eterna pela felicidade.

Aos meus pais, Luis (in memoriam) – grande homem, que fez da simplicidade seu melhor exemplo de vida, sábio e sempre presente em nossas vidas e Nadir – mãe dedicada, lutadora, íntegra, amiga e que sempre soube com seus conselhos me manter no caminho da retidão.

Aos meus sogro Adalberto – amigo fiel que com seu exemplo de vida me inspirou e me iniciou no mundo jurídico e sogra Maria do Rosário – exemplo de dedicação à família, compreensiva, bibliotecária ímpar que com seus conhecimentos sempre nos auxiliou e incentivou.

Aos meus queridos filhos Sérgio, Pedro e Gabriela, com meu amor eterno.

*Mestre em Direito Ambiental e Políticas Públicas
pela Universidade Federal do Amapá (2012).
Especialista em Direito dos Contratos (2006)
pelo Centro de Extensão Universitária – CEU/SP.
Advogou até 2006 com ênfase nas áreas do Direito Civil,
Direito Administrativo e Direito Processual Penal.
Atualmente é Polícial Federal,
atuando no Departamento de Polícia Federal, no Estado de São Paulo.
Membro fundador da Comunidade de Juristas de Língua Portuguesa – CJLP*

APRESENTAÇÃO DA OBRA E DO AUTOR

O mestre em Direito Ambiental e Políticas Públicas Fábio José Ibrahin, estudioso devotado, entrega-nos o seu curioso trabalho sobre *Gerenciamento e controle da água de lastro*, ressaltando, ao mesmo tempo, a *responsabilidade civil dos operadores do sistema*. É assunto a que poucas pessoas de fora da área estão habituadas, dada a sua especificidade e – por que não dizê-lo? – a sua correspondente estranheza. Nada obstante, o Autor vai fundo na análise do problema, nos seus diagnósticos e na proposta de soluções. Só isso, de per si, é um feito, sem que se fale na competência de quem escreveu sobre tal argumento.

Considero contribuição valiosa esse estudo, seja pelo seu alcance, seja pela sua atualidade – méritos pouco tangíveis para os leigos no assunto. Veremos o porquê.

As preocupações com os oceanos e o meio ambiente marinho têm crescido muito desde algumas décadas; mas, infelizmente, só em âmbito restrito. A Organização das Nações Unidas tem uma agência especializada no assunto, a "Organização Marítima Internacional – OMI", a qual se debruça sobre a seríssima problemática que afeta em ritmo crescente a enorme cobertura líquida que ocupa 78% da superfície do globo terrestre. A solicitude da ONU não se volta apenas para o uso e a navegabilidade daquelas águas, senão que se inquieta pela qualidade desse incomensurável mundo aquático. Não é sem razão que vozes populares cantam o "Planeta Água". Também não é sem razão que se luta pelo "Planeta Azul", quase sinônimo de "Planeta Verde", duas faces ecológicas da Terra que, de certo modo, são lembradas nas cores da bandeira nacional.

A despeito do significado cósmico dos mares e oceanos, sua saúde ambiental, biológica e físico-química corre gravíssimos perigos. Não há mais dúvida de que a vida teve origem nas águas oceânicas, conforme relato bíblico e conclusões científicas. Essa consciência tão bem fundamentada é incompatível com o tratamento nefasto que a sociedade humana dispensa ao Planeta Água, onde há muitos e variados "ninhos de vida", entre eles os manguezais. Estudiosos alertam-nos para essa realidade tão pouco divulgada; entre eles, por exemplo, o francês Jean-François Minster, com seu livro *A Máquina Oceano*[1] e, mais perto de nós, o Professor Luiz Roberto Tommasi, ex diretor e docente emérito do Instituto Oceanográfico da Universidade de São Paulo (USP), autor de *Meio Ambiente & Oceanos*.[2]

O peso da poluição marinha é excessivo: a poluição biológica, a química, a física e outras, inclusive a poluição estética, vêm se tornando insuportáveis, por vezes a olho nu. Uma realidade peculiar no caso das águas de lastro: elas permitem aos navios aumentar o seu calado e manter níveis adequados de esforço em sua estrutura, proporcionando maior estabilidade e equilíbrio à embarcação. Em contrapartida, são bilhões de toneladas de água de lastro que os navios transportam anualmente em todo o mundo, o que, sem dúvida, é assustador.

Mas, a água de lastro carrega centenas e milhares de espécies diferentes de organismos vivos, principalmente marinhos, procedentes das mais diversas partes do mapa terrestre, as quais são descarregadas junto com a água de lastro. O grande problema é que esses organismos podem fixar-se em outras regiões, como exóticos, e constituir comunidades estáveis, desde que encontrem habitats favoráveis. Poderão também encontrar predadores, ou não, e às vezes esses mesmos organismos marinhos podem transformar-se em predadores: é o que se verifica com espécies de algas, caranguejos e mexilhões. Além disso há os que se instalam em terra firme e causam outros transtornos ecológicos. E nenhuma região está isenta de "importar" uma doença através de águas de lastro.

Sob esse ponto de vista, é valiosa a contribuição de Fábio José Ibrahin à causa ambiental e ao saneamento do meio, e mais, ao direito fundamental e universal ao ambiente sadio e ecologicamente equilibrado, como estabelece nossa Lei Maior. Ademais, o autor vale-se de princípios basilares do Direito do Ambiente, como o do poluidor-pagador, do desenvolvimento sustentável e o princípio mais amplo da cooperação entre os povos.

Ibrahin sugere propostas de mudanças legislativas, melhora do sistema de gerenciamento e controle da água de lastro no Brasil, sem esquecer a importância do Tribunal Marítimo para arbitragem e julgamento de ilícitos e danos. No seu trabalho se evidencia um item da maior significação no Direito do Ambiente: a *responsabilidade civil* dos operadores do Sistema de Gerenciamento de Água de Lastro, alcançando também a esfera internacional. Nesse intuito, são oportunamente lembrados o Tribunal Internacional do Direito do Mar, a Corte Interamericana de Direitos Humanos e a Corte Internacional de Justiça. É importante observar que, em todos os passos e

---

[1] *A Máquina Oceano*. Lisboa: Instituto Piaget, 1999. Título 23 da Coleção "Perspectivas Ecológicas".
[2] *Meio Ambiente & Oceanos*. São Paulo: Editora Senac São Paulo, 2008. Título 9 da "Série Meio Ambiente".

medidas, o Autor manifesta uma visão proativa da problemática e das suas soluções. É tão fundamental preocupar-se com o futuro tal como o presente, pois nos colocamos na posição de vigilantes do eterno Direito da Natureza.

Fábio Ibrahin militou nove anos como advogado, especificamente nas áreas de Direito Civil e Direito Administrativo em grandes empresas do setor energético. É sócio fundador da Comunidade de Juristas de Língua Portuguesa. Atualmente, é integrante do Departamento de Polícia Federal do Estado de São Paulo. Por conseguinte, é dotado de uma visão ampla dos problemas ambientais relacionados às áreas de sua formação acadêmica e profissional – fatores que tornam este seu trabalho particularmente significativo.

Agradeço ao Autor a honrosa incumbência desta apresentação, augurando êxito sempre maior em seus cometimentos intelectuais e profissionais a serviço das mais nobres causas. Vamos com nossa solicitude para o alto mar!

ÉDIS MILARÉ

PREFÁCIO

Poucos têm sido os estudos sobre os problemas amazônicos em programas de Pós-Graduação, voltados para o encontro de soluções para a melhora na qualidade de vida do povo que habita essa região do planeta, muito cobiçada pelos olhos capitalistas do mundo inteiro.

A Amazônia é a maior floresta tropical do mundo, possuindo a maior biodiversidade de todo o Planeta Terra. Seus habitantes, sejam nascidos ou vivendo nela por opção, na sua grande maioria, sempre tiveram a verdadeira noção de sua grandeza e de sua importância para toda a humanidade.

Preocupado com os problemas vividos na Amazônia, Fábio José Ibrahin começou a pensar na questão da água de lastro dos navios que aportam no canal norte da foz do Rio Amazonas, região localizada em Macapá, Capital do Estado do Amapá, sede do Programa de Pós-Graduação – Mestrado em Direito Ambiental e Políticas Públicas da Universidade Federal do Amapá. Tal inquietação se deu no início do ano de 2006, quando foi exercer, em Macapá, a função de Policial Federal.

O autor sempre demonstrou interesse em realizar estudos de pós-graduação. Com esse intuito, em 2000, Fábio frequentou o curso de aperfeiçoamento em Língua Inglesa na conceituada Callan School, na famosa Oxford Street, em Londres, na Inglaterra, com a finalidade de possibilitar o acesso à literatura estrangeira, essencial para continuar os seus estudos acadêmicos.

Fábio Ibrahin, natural de Osasco, São Paulo, pai de Sérgio, Pedro e Gabriela, esposo de Francini Imene, apresentou, no ano de 2010, junto àquele programa de pós-graduação, a inteligente ideia de discutir o regime jurídico da troca da água de lastro dos tanques dos cargueiros que chegam ao Porto da Fazendinha, Distrito da cidade de Macapá, na margem esquerda do rio Amazonas, e efetuam, nesse local, a mudança dos seus respectivos lastros.

Com o presente estudo, revelou que o problema enfrentado, tem amplo reflexo para a região do desaguadouro do Rio Amazonas. Tal impacto pode gerar consequências em toda a Região, com possível reverberação em grande parte da Floresta, causando abalo na foz do Grande Rio, gerando preocupação às pessoas que vivem naquela parte da floresta.

Realmente, quem mora em Macapá, capital do Estado do Amapá, no Norte do Brasil, vê, quase que diariamente, o singrar de enormes embarcações marítimas, indo e vindo, mostrando um cenário muito preocupante, em virtude do fato de que todos esses navios trocam a sua água de lastro bem no desembocadouro de Macapá, local de grande biodiversidade amazônica, cuja precária fiscalização pode colocar em risco a vida animal e vegetal, terrestre e aquática, ante a possível intromissão de vida marinha, completamente alheia ao meio ambiente desse lugar. Ocorrendo tal intromissão, a possibilidade de causar um impacto indevido na biodiversidade local despertou o interesse do autor deste livro.

Foi com esse espírito de pesquisador que Fábio Ibrahin, naquele mesmo ano de 2010, começou a desenvolver sua Dissertação de Mestrado intitulada "Gerenciamento e Controle da Água de Lastro e a Responsabilidade Civil dos Operadores do Sistema", sob minha orientação, a qual deu origem à presente obra.

O autor elaborou seu trabalho procurando demonstrar a precariedade na atual fiscalização da troca da água de lastro, atestando a sua insuficiência em evitar danos ambientais em virtude de um deslastre indevido.

Na busca de seu objetivo, Fábio Ibrahin desenvolveu uma profunda análise da gestão na utilização e troca dessa água de lastro em território brasileiro, mais precisamente, naquelas embarcações que adentram pelo Canal Norte, na margem esquerda da foz do Rio Amazonas, indicando, pormenorizadamente, a atribuição de cada um dos integrantes do sistema de gerenciamento dessa água de lastro.

Mostrando um profundo interesse pelos problemas ambientais regionais, Fábio Ibrahin estudou todo o trajeto feito por essas embarcações na troca de Água de Lastro nos fundeadouros da Fazendinha e de Macapá. Essa rota se encontra bem a frente da cidade de Macapá, exatamente nesse Canal Norte, no lado setentrional da Ilha do Marajó.

Desenvolveu o seu estudo, baseando-se em três dos princípios norteadores do direito ambiental: o do desenvolvimento sustentável, o do poluidor-pagador e o da cooperação entre os povos. Analisando cada um deles, o autor demonstrou, com muita propriedade, a verdadeira importância desse gerenciamento do controle da invasão indevida de todo e qualquer exemplo de forma de vida, causando impacto ao meio ambiente dessa região.

Em seu trabalho, o autor não estudou a comprovação da existência ou não de microorganismos vivos trazidos, indevidamente, pelos navios que aportam na frente da cidade de Macapá, mas, principalmente, analisou todo sistema jurídico, nacional e internacional, que regula a troca da água de lastro, abordando, por conseguinte, normas e tratados internacionais que versam sobre a matéria.

Mesmo sendo um trabalho realizado em cima de um problema localizado na margem esquerda da desembocadura do Rio Amazonas, aparentemente local, o autor trouxe uma verdadeira contribuição para todo o sistema brasileiro de fiscalização da troca de Água de Lastro, apresentando propostas concretas de mudança nessa fiscalização. A principal delas corresponde à proposição de mudança na regra de fiscalização, exigindo-se que o primeiro teste bioquímico da água, realizado pelas autoridades locais com o intuito de detectar a salinidade da água utilizada para o lastro, seja feito ainda quando o tanque estiver com água oceânica, antes da segunda troca com a água doce do Rio Amazonas.

A dissertação que originou o presente livro foi defendida sob a minha presidência, juntamente com três outros Professores Doutores, Rosemary Ferreira de Andrade, da Universidade Federal do Amapá, Cássius Guimarães Chai, da Universidade Federal do Maranhão e Daniel Gaio, da Universidade Federal de Minas Gerais, os quais destacaram a profundidade técnico-jurídica do seu estudo, sugerindo a submissão do mesmo a uma conceituada editora, a fim de que fosse dada publicidade e conhecimento a todos os que tiverem acesso ao presente texto. A importância do trabalho foi percebida e reconhecida pela conceituada Editora portuguesa Almedina, a qual, com seu competente conselho editorial, não conteve esforços em possibilitar esta edição e publicação.

A publicação que ora se inaugura enche de orgulho todo o Programa de Pós Graduação – Mestrado em Direito Ambiental e Políticas Públicas, da Universidade Federal do Amapá, por divulgar profundo estudo desenvolvido em busca de melhor qualidade de vida do povo habitante deste pedaço da imensa floresta. Fiquei muito honrado com o convite para escrever estas singelas linhas.

Fábio Ibrahin merece todas as congratulações por desenvolver um trabalho de profundidade científica, demonstrando ser um grande pesquisador, preocupado com os problemas que o cerca, na busca de proteção ao meio ambiente amazônico no qual se vive.

Julho de 2013.

NICOLAU ELÁDIO BASSALO CRISPINO
Doutor em Direito Civil pela Faculdade de Direito da USP.
Professor Adjunto da Universidade Federal do Amapá.
Procurador de Justiça do Ministério Público do Estado do Amapá.

Como forma de apoiar o Mestrado Acadêmico em Direito Ambiental e Políticas Públicas da Universidade Federal do Amapá – UNIFAP, o Ministério Público Estadual firmou, em 2006, um Termo de Cooperação Técnica visando ampliar a capacidade da instituição de qualificar profissionais com habilidade de investigação e pesquisa para solidificar e acrescer valores ambientais na sociedade amapaense.

O resultado até aqui não poderia ser melhor. Membros e servidores do Ministério Público, bem como profissionais de diferentes áreas de atuação no Amapá puderam mergulhar no ambiente acadêmico alcançando a qualificação devida para o enfrentamento das questões ambientais que nos cercam.

Na certeza de que esse amplo conhecimento produzido na Universidade deve ser compartilhado com toda a comunidade, outras publicações já foram produzidas com o apoio do MP-AP, em parceria com o Instituto de Pesquisas Científicas e Tecnológicas do Amapá – IEPA, como o Guia de Mamíferos do Estado do Amapá e o livro de Zoneamento Ecológico Econômico Urbano das Áreas de Ressaca de Macapá e Santana.

Envolvidos pelo mesmo espírito colaborativo, apoiamos a publicação desta obra, resultado da dissertação de mestrado de Fábio José Ibrahin, orgulhosamente orientado pelo Procurador de Justiça Nicolau Crispino, membro de nossa instituição.

Que todos possam desfrutar deste belo trabalho acadêmico, e que o alerta do autor, de que o deslastre indevido da água de lastro já ocasionou problemas em diversos países, sirva de ensinamento para que não venha a ocorrer na região Amazônica, bem como estimule novos procedimentos de fiscalização que levem à devida responsabilização civil dos agentes envolvidos.

IVANA LÚCIA FRANCO CEI
Procuradora-Geral de Justiça do Amapá

RESUMO

O deslastre indevido da água de lastro já ocasionou, em diversos países, danos à biodiversidade, à saúde e a economia. O ordenamento brasileiro impõe aos operadores do sistema de gerenciamento de água de lastro a responsabilidade civil objetiva e subjetiva, esta última apenas para as pessoas jurídicas de direito público e concessionárias de serviços públicos, por atos omissivos, a quem causa dano ambiental, implicando no dever de repará-lo. O meio ambiente sadio e equilibrado é um direito humano essencial para a existência de vida digna na terra. O objetivo geral do estudo foi demonstrar a responsabilidade civil dos agentes envolvidos com o deslastre indevido da água de lastro, no âmbito nacional e internacional. O Método utilizado foi hipotético-dedutivo, com a abordagem qualitativa do problema, por meio da pesquisa exploratória e descritiva, mediante entrevista, visitas aos navios, análise documental e bibliográfica. As questões norteadoras da pesquisa reconhecem que o procedimento atual de fiscalização da água de lastro não é suficiente para evitar danos ambientais decorrentes de um deslastre indevido de água de lastro. Os resultados da pesquisa possibilitaram o reconhecimento de que a fiscalização da água de lastro, confrontando a existência dos micro-organismos que são naturais da região, com eventuais micro-organismos exóticos, inseridos irregularmente no contexto hidrográfico, bem como o grau de salinidade, deve ocorrer, obrigatoriamente, antes da segunda troca de água de lastro, na região amazônica, para se ter a oportunidade de constatar a veracidade das informações prestadas no formulário apresentado. Caso não esteja em conformidade com o que a legislação determina, haveria a possibilidade de aplicação da responsabilidade civil no âmbito nacional e penalidades cabíveis. A preservação do meio ambiente, o desenvolvimento sustentável e a cooperação entre os povos são normas imperativas de *jus cogens*, a possibilitar a responsabilidade civil internacional e objetiva do País, de acordo com a bandeira que arvora o navio, que deixar de observá-las e causarem danos ao meio ambiente.

PALAVRAS-CHAVE

Meio ambiente. Transporte marítimo. Água de lastro. Dano ambiental. Responsabilidade civil.

ABSTRACT

The improper shedding of ballast water in many countries has led to damage to the biodiversity, health and economy. The Brazilian legal system impose to the operators of ballast water management, the objective and subjective civil liability, the latter only for legal entities under public law and public services concessions, for omissive acts, who cause environmental damage, implying a duty to repair it. The balanced and healthy environment is a human right essential to the existence of life on Earth. The overall objective of the analysis was to demonstrate the liability of those involved with the shedding of ballast water, nationally and internationally. The method used was hypothetic-deductive, qualitative approach to the problem by means of exploratory and descriptive research, through interviews, visits to the ships, documentary analysis and literature. The questions guiding the research recognize that the current procedure of monitoring the ballast water is not enough to prevent environmental damage caused by an improper shedding of ballast water. The survey results allowed the recognition that the supervision of ballast water, confronting the existence of microorganisms that are natural to the region with exotic microorganisms irregularly inserted in the hydrographic context and the salinity, should occur, compulsorily, before the second exchange of ballast water in the Amazon region, in order to have the opportunity to verify the correctness of information submitted on the form. If it is not in accordance with the legislation, there was a possibility of application of national civil liability and appropriate penalties. The preservation of the environment, sustainable development and cooperation among people are mandatory rules, a *jus cogens*, enable the international and objective liability of the country, according to its ship flag, which fail to observe them and harm the environment.

KEYWORDS

Environment. Shipping. Water ballast. Environmental damage. Civil liability.

INTRODUÇÃO

O transporte marítimo internacional de mercadorias movimenta, anualmente, mais de 80% das mercadorias do planeta (CARMO; Fogliatti, 2006) e, por consequência, movimenta também cerca de 10 bilhões de toneladas de água de lastro, que são descartadas após serem utilizadas como lastro pelos navios, transferindo-se assim, a cada dia, aproximadamente, sete mil espécies marinhas invasoras ou exóticas que são introduzidas em ambientes aquáticos que lhes são estranhos (PIMENTEL et al., 2001). Esta invasão já ocasionou, em diversos países, danos irreversíveis à biodiversidade e à saúde, além de prejuízos econômicos.

O meio ambiente, na qualidade de bem de uso comum do povo, necessita estar sadio e equilibrado para as presentes e futuras gerações. O comércio marítimo, assim como qualquer atividade produtiva ou comercial, deve ser realizado sem causar degradação ou poluição ambiental ou causando o mínimo possível.

O ordenamento jurídico brasileiro impõe a responsabilidade civil objetiva e subjetiva (esta apenas para as pessoas jurídicas de direito público e concessionárias de serviços públicos, por atos omissivos), a quem causa dano ambiental, implicando no dever de repará-lo. A água de lastro, descartada indevidamente, pode causar sérios riscos à saúde da coletividade e à biodiversidade. Logo, o problema que se impõe resulta do questionamento de como se opera a responsabilidade civil daqueles que infringem as regras do gerenciamento da água de lastro dos navios que aportam em portos nacionais.

A ausência ou deficiência do controle e gestão da água de lastro pode implicar danos e riscos ambientais que ensejam no dever de reparar, mediante responsabilidade civil objetiva e subjetiva dos operadores do sistema, em virtude da possível existência de danos e riscos ambientais.

Nesse contexto, o objetivo do presente trabalho é estabelecer a possibilidade da aplicação da responsabilidade civil objetiva e subjetiva aos operadores do sistema pelo dano ambiental, decorrente da água de lastro descartada indevidamente, bem como ressaltar a necessidade dos órgãos governamentais estabelecerem uma fiscalização eficaz para o gerenciamento da água de lastro, bem como propor mudanças legislativas visando à adoção de novos procedimentos com a consequente melhora do sistema de gerenciamento e controle da água de lastro no Brasil.

A construção da dissertação se deu mediante a utilização do método hipotético dedutivo e por meio da observação e identificação dos fatos, fenômenos, efeitos, causas e consequências relacionadas ao tema da pesquisa, ensejando na indicação dos problemas, hipóteses e evidências empíricas envolvendo a água de lastro.

A abordagem utilizada na pesquisa foi qualitativa, em face dos objetivos traçados, o que, segundo Haguette (2000), enfatiza as especificidades de um fenômeno em termos de sua origem e razão de ser, fornece uma compreensão profunda acerca de certos fenômenos apoiados no pressuposto de maior relevância do aspecto subjetivo da ação.

Também utilizou-se a pesquisa exploratória e descritiva, e a entrevista, para o levantamento dos dados.

A análise realizada foi documental e bibliográfica, em razão da necessidade de se consultar as diversas fontes existentes a instrumentalizar a pesquisa, extraindo-se diversas informações e diferentes conhecimentos.

Foi utilizada, ainda, a pesquisa bibliográfica por meio de periódicos, revistas, artigos, livros, documentos públicos, legislação e jurisprudência nacional e estrangeira, adequados à finalidade da pesquisa, que proporcionou análise e conhecimento das contribuições culturais ou científicas do passado e presente, existentes sobre um determinado assunto e explicam um problema a partir desse levantamento.

A linha de pesquisa adotada foi a de direito ambiental, competência e prática judicial, com o enfoque na problemática envolvendo a água de lastro e a responsabilidade civil.

O trabalho apresenta-se estruturado em três capítulos, a saber:

O primeiro capítulo define o conceito e implicações do deslastre da água de lastro no meio ambiente, apontando a legislação nacional e os tratados internacionais relacionados ao tema, demonstrando a necessidade de proteção do meio ambiente. Trata ainda do gerenciamento da água de lastro dos portos brasileiros e a responsabilidade administrativa de seus operadores. Analisa-se também a relação existente entre a água de lastro e os fundeadouros da Fazendinha e de Macapá, no Município de Macapá-AP.

O segundo capítulo procura demonstrar a necessidade da manutenção de um meio ambiente aquático ecologicamente equilibrado e sustentável, como um direito humano essencial à sadia qualidade de vida, ressaltando a sua relação com o princípio do desenvolvimento sustentável, o princípio do poluidor pagador e o princípio da cooperação entre os povos. Apontam-se, também, as medidas adotadas por dife-

INTRODUÇÃO

rentes países, tais como Estados Unidos, Canadá, Nova Zelândia e Austrália, a fim de minimizar os efeitos negativos da água de lastro. E, ainda, propõe mudanças legislativas visando à melhoria do sistema de gerenciamento e controle da água de lastro no Brasil.

O terceiro capítulo analisa a definição e evolução da responsabilidade civil e estabelece a responsabilidade civil dos operadores do sistema de água de lastro em decorrência de danos ambientais, no âmbito nacional e internacional, relativos ao deslastre indevido da água de lastro.

Finalmente, nas considerações finais, retomam-se os objetivos iniciais do trabalho e avaliam-se as implicações do deslastre indevido da água de lastro e a importância do controle da bioinvasão no meio aquático dos portos brasileiros. Propõe-se, entre outras, a alteração de procedimentos quanto a fiscalização da água de lastro a bordo dos navios, bem como a possibilidade de responsabilização civil dos operadores do sistema de água de lastro no âmbito nacional e internacional em virtude de danos ambientais causados pelo deslastre indevido da água de lastro, visando sempre à preservação da biodiversidade e da saúde pública.

1. Origem e Definição da Água de Lastro

No decorrer da evolução da civilização humana, o homem sempre utilizou a água como meio de transporte, tanto para transportar mercadorias como para locomoção de pessoas. Primeiramente, foram desenvolvidas embarcações artesanais, tais como jangadas e canoas, posteriormente, com o passar do tempo e, em virtude da premente necessidade de se transportar cada vez mais mercadorias e pessoas, evoluiu-se para tipos mais sofisticados de embarcações. Inicialmente, o material que era mais utilizado na construção das embarcações de cargas e passageiros era a madeira, que continua sendo utilizada principalmente na construção de pequenas embarcações. Contudo, com o desenvolvimento tecnológico da engenharia naval, novos materiais surgiram, passou o aço a ser, desde o final do século XIX, empregado na construção de navios de pequeno, médio e grande porte (A ÁGUA..., 2009, p. 9).

Com o desenvolvimento de novas tecnologias, a engenharia naval moderna conseguiu otimizar as embarcações, tornando-as cada vez maiores e mais potentes, aumentando consideravelmente sua autonomia, proporcionando viagens entre portos cada vez mais distantes e, consequentemente, o transporte de milhares de toneladas de carga. Devido às novas tecnologias aplicadas e ao tamanho das novas embarcações, o requisito segurança operacional ganhou destaque, tendo em vista a necessidade de se manter a estabilidade estática e dinâmica, manobrabilidade e governabilidade das embarcações.

Concebido para transportar, além de seu próprio peso estrutural, uma determinada quantidade de carga, o navio completamente carregado, opera em segurança e em condição de equilíbrio estável, interagindo com as ações da natureza a que está vunerável, como correntes marítimas, ventos e ondas, sem, contudo, comprometer sua segurança e manobrabilidade. O problema surge à medida que a embarcação tem que prosseguir viagem sem carga, descumprindo sua primordial função para a qual fora criado, o que pode torná-lo instável a depender da intensidade das forças da natureza que atuem sobre ele, podendo não conseguir recuperar seu equilíbrio e vir a pique.

Para evitar-se esse problema, quando uma embarcação realiza uma viagem com pouca carga ou com ausência dela, a fim de se garantir a estabilidade, governabilidade e manobrabilidade da embarcação, convencionou-se usar um peso adicional, substituto da carga ausente, para funcionar como elemento que garantiria um comportamento estável do navio. Assim, a esse peso "extra" foi dado o nome de lastro.

A partir dos anos 80 do século XIX, a água passou a ser utilizada como lastro, por ser mais fácil de carregar e descarregar, sendo mais eficiente e econômica que o lastro sólido, tal como pedras, areia, terra e outros materiais baratos e pesados.

Dessa forma, a água do mar e dos rios, passou a ser utilizado como lastro dos navios com a finalidade de se garantir sua estabilidade durante sua viagem, cujos porões de carga estivessem vazios, funcionando como elemento de equilíbrio, passando a ser denominada como água de lastro.

Assim, pode-se afirmar que o ato de lastrear um navio pode se traduzir no ato de carregamento de água do mar ou rios nos tanques do navio que está com seus porões de cargas vazios, a fim de lhe garantir condições ideais de segurança operacional de navegabilidade, conforme demonstrado na figura 1.

Figura 1: Uso da Água de Lastro

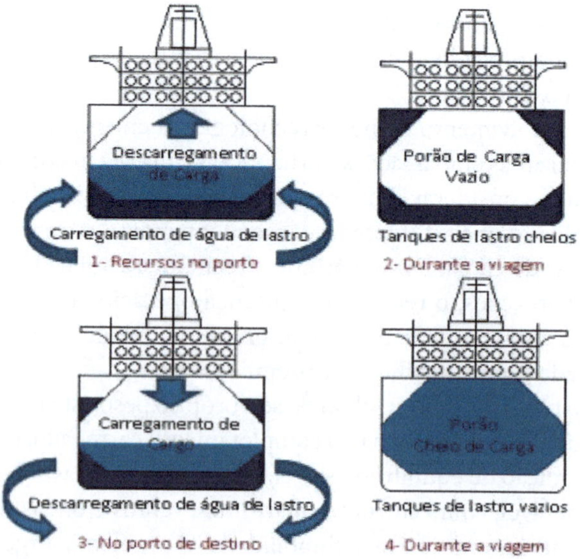

Fonte: (A ÁGUA..., 2009).

A Resolução da Diretoria Colegiada da Agência Nacional de Vigilância Sanitária (ANVISA), RDC 217, define a água de lastro como sendo a "água colocada em tanques de uma embarcação com o objetivo de alterar o seu calado, mudar suas condições de flutuação, regular a sua estabilidade e melhorar sua manobrabilidade".

A Convenção Internacional sobre Controle e Gestão da Água de Lastro e Sedimentos de Navios – Convenção BWM 2004 – define, em seu artigo 1º, o que vem a ser água de lastro: "significa água com seu material em suspensão tomada a bordo do navio para controlar trim[3], adernamento[4], calado[5], estabilidade ou tensões de um navio (ação de forças internas e externas)".

Observa-se que a água de lastro é um elemento essencial para assegurar a flutuabilidade, navegabilidade e, por conseguinte, a segurança da embarcação, contrabalançando o peso da carga.

A distribuição da água de lastro entre vários tanques existentes para esse fim dentro de um navio é realizado por um complexo sistema de tubulações, bombas e válvulas, que captam e despejam a água de lastro de acordo com sua necessidade, variando de acordo com cada tipo de embarcação.

Nos primeiros modelos na qual se utilizava a água como lastro, esta era confinada nos próprios compartimentos de carga, após serem esvaziados. Com a evolução da técnica, as embarcações passaram por modificações em seus projetos, visando obedecer definições de normas de segurança operacional, assim, os porões que transportavam carga na ida e água de lastro na volta, passaram a ter utilização distinta, ou seja, foram definidos porões específicos para carga e tanques específicos para o armazenamento da água de lastro. A segregação dos compartimentos foi necessária, porque, em primeiro lugar, facilita o deslastre; em segundo, evita transtornos como ter que tirar toda água de lastro, secar o porão para não ter nenhum tipo de contato da carga com a água de lastro.

---

[3] FONSECA, 2010. Trim (ou compasso) é a inclinação para uma das extremidades; o navio está pesado de proa, abicado, ou tem trim pela proa, quando estiver inclinado para vante. Estará pesado de popa, apopado, derrabado, ou terá trim pela popa, quando estiver inclinado para ré. Trim é também a medida da inclinação, isto é, a diferença entre os calados avante e a ré; é expresso em metros ou em pés ingleses, dependendo da medida empregada no calado do navio.

[4] FERREIRA, 1995. No âmbito náutico, o adernamento, adornamento ou banda é a inclinação (da embarcação) sobre um dos seus bordos (bombordo ou estibordo/boreste).

[5] FERREIRA, 1995. Calado é a distância vertical entre a superfície da água em que a embarcação flutua e a face inferior da sua quilha. É a profundidade mínima de água necessária para a embarcação flutuar.

Os procedimentos para lastrar (colocar água de lastro dentro do navio) e deslastrar (tirar água de lastro do navio) podem implicar em diversos impactos ambientais e à saúde.

1.1. Implicações da Água de Lastro

Ao lastrar, o navio bombeia para dentro do casco a água do mar, no local onde ele se encontra, acarretando a introdução de contaminantes presentes na água do mar (especialmente nos casos de águas poluídas), bem como de organismos marinhos do local. Assim, o que parecia ser a melhor solução nos últimos tempos para lastrear e deslastrear os navios, mostrou-se uma grande ameaça ao meio ambiente. Isso porque ao proceder ao deslastre no porto de destino ou em outra parte do mundo, o navio lança, naquele ambiente marinho, contaminantes, transferindo micro-organismos e espécies da fauna e da flora aquáticas típicos de uma região para outra totalmente estranha, o que pode causar sérias ameaças ecológicas, econômicas e à saúde. Nela, podem estar presentes inúmeras espécies aquáticas, como algas, cistos, mexilhões, peixes e crustáceos (predadores), organismos exóticos, vírus, bactérias tóxicas e até patogênicas, como o vibrião colérico. A fauna marinha não é uniforme em todo o globo terrestre, temos diferentes ecossistemas marinhos. Logo, sem os devidos cuidados, o mundo se vê diante de um problema de enormes proporções.

Essa possibilidade foi reconhecida, não apenas pela Organização Marítima Internacional (IMO), mas também pela Organização Mundial de Saúde (OMS). Estudos da ANVISA, do Ministério da Saúde (MS) em navios nos portos brasileiros, constataram que "foi evidenciado transporte de [...] coliformes fecais (13%), Escherichia coli (5%), [...] *Vibrio cholerae* O1 (7%), [...]".

Destaca-se ainda que, segundo dados do Ministério do Meio Ambiente, o Brasil tem participação em cerca de 1% no comércio internacional e que, a quase totalidade dos nossos produtos, são transportados por navios, chegando ao número de 100 milhões de toneladas de água de lastro descarregadas na costa e portos brasileiros a cada ano.

A água, quando captada nos portos em que o navio descarrega sua mercadoria, deve ser trocada ao longo da viagem em alto mar, à espera de um novo porto para carregamento, local em que ocorrerá novo despejo da água de lastro. Ocorre que algumas espécies que são capturadas no porto de origem são muito resistentes e conseguem sobreviver durante longas viagens dentro dos tanques de água de lastro e, quando chega ao porto de destino, despeja-se toda a água captada naquela região portuária, com as espécies que sobreviveram durante a viagem, caso não se tenha realizado alguma forma de controle e gerenciamento da água de lastro.

O problema no qual se insere a presente questão é que o ato de efetuar a troca da água de lastro, seja em alto mar ou em um porto, significa maior custo ope-

ORIGEM E DEFINIÇÃO DA ÁGUA DE LASTRO

racional, demandando despesas com combustível, com o acionamento das bombas e gasto de tempo. Esses gastos, não raramente, são evitados pelas empresas de navegação, seja não efetuando a troca durante a viagem, seja efetuando-a apenas quando o navio está atracado e executando a operação de carregamento de mercadorias. De qualquer forma, com ou sem troca de água de lastro durante a viagem, não se pode garantir que a água trocada não possa interferir ou mesmo contaminar aquele ecossistema marinho.

Nesse contexto, milhares de espécies exóticas são transportadas nos porões dos navios e introduzidas em ambientes aquáticos marinhos, estuários e rios que lhes são estranhos, e podem causar impacto ao meio ambiente, à economia dos países e à saúde das pessoas.

A Convenção Internacional sobre Controle e Gestão da Água de Lastro e Sedimentos de Navios – Convenção BWM 2004, adotada em 2004, teve como objetivo prevenir, minimizar e, por fim, eliminar os riscos ao meio ambiente, à saúde pública, às propriedades e recursos decorrentes da transferência de organismos aquáticos nocivos e agentes patogênicos através do controle e gestão da água de lastro dos navios e dos sedimentos nela contidos. Constatou-se nesta Conferência que o transporte marítimo, ao responder pelo movimento de mais de 80% das mercadorias do mundo, termina por realizar a transferência de três a cinco bilhões de toneladas de água de lastro a cada ano de uma parte para outra do mundo. Constatou-se, ainda, que a água de lastro transporta, por dia, cerca de sete mil espécies marinhas ao redor do globo.

De acordo ainda com a Convenção Internacional sobre Controle e Gestão da Água de Lastro e Sedimentos de Navios – Convenção BWM 2004 – em seu artigo 1º 'Definições', "Organismos Aquáticos Nocivos ou Patogênicos significam organismos aquáticos ou patogênicos que, se introduzidos no mar, incluindo estuários ou em cursos de água doce, podem criar riscos para o meio ambiente, saúde humana, propriedade ou recursos, deterioração da diversidade biológica ou interferir com outros usos legítimos de tais áreas".

O transporte de espécies pode ou não resultar na fixação de novas espécies no local de destino; se a nova espécie encontra condições ambientais favoráveis e ausência de predadores ou competidores naturais locais, pode-se fixar e multiplicar-se, constituindo-se em uma "praga invasora".

O mexilhão dourado (*Limnoperna fortunei*), um molusco originário dos rios asiáticos, em especial da China, é um exemplo de invasão mais conhecida e causada pela água de lastro.

O primeiro registro no Brasil do mexilhão dourado deu-se em 1999, no Estado do Rio Grande do Sul, no qual atingiu grandes extensões do lago Guaíba, em Porto Alegre (Mansur, 2000).

Há relatos da existência do mexilhão dourado na bacia do rio Paraná, em abril de 2001, na usina hidroelétrica de Itaipú (FONTES JÚNIOR, 2002).

Igualmente, o mexilhão dourado foi encontrado no Pantanal, em 2003, no rio Paraguai, nas proximidades de Corumbá (MT) e no ano de 2005 em Cáceres (MT) (MANSUR; Darrigran, 2006).

A incrustação desse molusco cntupiu os filtros protetores das companhias de abastecimento de água potável e prejudicou o funcionamento normal das turbinas de usinas hidrelétricas, exigindo manutenções mais frequentes e ações de combate, causando impactos socioeconômicos significativos para a economia.

Também prejudicou a prática de pesca de populações tradicionais, o sistema de refrigeração de pequenas embarcações, chegando a fundir motores.

Poderá ocorrer também a existência das algas microscópicas exóticas que têm causado, em vários países, a "maré-vermelha", ou "floração excepcional de algas tóxicas", que extermina a vida marinha ao diminuir o oxigênio, bem como liberam toxinas, prejudicando também o turismo e a recreação. Isso ocorreu há alguns anos, em Guaraqueçaba, no litoral do Paraná, e resultou na mortande de peixes e sérios problemas para a população local. Na África do Sul, as "marés-vermelhas" contaminaram mariscos e fizeram as autoridades proibirem a pesca. Há relatos de que o consumo de marisco envenenado causou formigamento e entorpecimento dos lábios, boca e dedos, além de dificuldade de respiração, paralisia e até a morte.

Os problemas ambientais causados pelo deslastre irregular são vistos pela comunidade científica como não intencional, pois a operação de lastreamento não tem como foco principal a transferência de espécies para um local novo, mas sim garantir uma operação segura do navio.

Há registros de prejuízos ambientais e danos ao meio ambiente, atribuídos às invasões de espécies exóticas inseridas no meio aquático por intermédio da água de lastro, tanto no Brasil como no exterior.

A inserção de espécies exóticas gera uma mudança na condição aquática da região invadida e pode levar à extinção de espécies nativas, por não encontrarem predadores naturais que detenham sua voracidade.

Quando espécies nativas desaparecem por meio da bioinvasão, o dano ambiental pode ser imensurável, pois, em geral, ocorre um "efeito dominó", visto que outros organismos dependentes da espécie eliminada também sofrem as consequências desse dano, como, por exemplo, a falta de alimentos, com risco também de extinção.

Os seres humanos são afetados diretamente pelo desequilíbrio ambiental causado pelas espécies inseridas em um novo ambiente, pois doenças são transferidas por este meio, bem como micro-organismos tóxicos podem trazer riscos à saúde humana.

Outro aspecto negativo é a utilização de produtos químicos que são colocados na água, com o intuito de combater as espécies invasoras presentes em novos ambientes, o que pode gerar outros impactos ao meio ambiente.

Assim, o principal desafio é saber se a água de lastro a bordo das embarcações tem alguma espécie que pode atacar o meio ambiente local. Como não é possível realizar tal verificação sem análise da água, torna-se indispensável a adoção de medidas de controle para que o navio não despeje, junto com a água, espécies com grande potencial de prejudicar o meio ambiente.

1.2. A Legislação Nacional da Água de Lastro

Formado pela união indissolúvel da União, dos Estados, Distrito Federal e Municípios, a República Federativa do Brasil possui cerca de quatrocentos municípios litorâneos, oitenta e nove portos comerciais e terminais portuários, vinte e dois considerados importantes em virtude do volume de carga e descarga realizadas, sendo dezessete marítimos e cinco fluviais (Silva; Souza, 2004), conforme demonstrado na figura 2.

Figura 2: Localização dos Portos Brasileiros

Fonte: BRASIL, 2012.

Em decorrência da divisão de competências entre os entes federativos definidas pela Constituição Federal de 1988, coube à União a competência para legislar sobre os temas relacionados aos mares e oceanos, navegação, regimes portuários, medidas sanitárias e comércio interior e exterior, dentre outros. Os Municípios têm competência para legislar sobre assuntos locais, ou seja, da própria cidade. Os Estados, com competência legislativa residual, têm a competência entre outras, a de criar leis de proteção ambiental, poluição, danos e responsabilidades ambientais.

Cabe aos Ministérios, Órgãos do poder executivo federal, tais como o Ministério da Saúde, o Ministério do Meio Ambiente, o Ministério do Transporte e Ministério da Defesa, por meio da Marinha do Brasil, traçar as diretrizes gerais sobre a política nacional relacionada aos mares, responsáveis pela segurança, proteção ambiental, estudos e treinamento de pessoal, fiscalização e regulamentação.

Com relação à bioinvasão pelo água de lastro e todos os problemas dela decorrentes, os principais órgãos estatais nacionais envolvidos são o Ministério da Saúde, o Ministério do Meio Ambiente e a Marinha do Brasil. A esses órgãos é delegada a função legal de elaborar um regime nacional eficaz para lidar com os assuntos de Estado de Bandeira, Estado do Porto e Estado Costeiro e das questões de saúde relacionados a este problema.

Nesse cenário, é interessante notar que, há alguns anos, o país vem legislando a respeito dos problemas de ordem marítima, dentre eles as questões ambientais. Nesse compasso Zanella (2010, p. 101) afirma:

> Desde 1988, o Brasil vem desenvolvendo suas práticas de gerenciamento costeiro integrado em nível nacional, quando uma lei criou o Plano Nacional de Gerenciamento Costeiro como parte da Política Nacional de Recursos do Mar e da Política Nacional Ambiental. Também foi criado o Conselho Nacional para o Meio Ambiente. Há também um Grupo de Integração do Gerenciamento Costeiro (GI-GERCO) coordenando atividades de gestão integrada costeira e marinha, sob supervisão da Comissão Interministerial para os Recursos do Mar (CIRM). Muitas das atividades dessa Comissão visam uma resposta legislativa e administrativa coordenada aos assuntos afetos à área costeira, incluindo gerenciamento integrado dos recursos oceânicos e suas atividades.

A primeira regulamentação a respeito do problema da introdução de espécies exóticas no Brasil por meio de água de lastro, se deu em fevereiro de 2000, através da Portaria nº 0009, que fez entrar em vigor, com a aprovação da Diretoria de Portos e Costas (DPC), a norma marítima 08 (NORMAN 8). Foi nessa norma que se criou e tornou obrigatório o preenchimento do "relatório de água de lastro", que solicita a todas as embarcações que descrevam a trajetória da água utilizada como lastro: de onde veio, onde foi trocada e onde foi descarregada.

Segundo Silva e Souza (2004, p. 6-7):

> A entrega deste relatório pelos navios à Capitania dos Portos, Delegacia ou Agência ao qual o porto estiver subordinado, possibilitará um levantamento preciso da quantidade, qualidade e procedência do lastro que o país recebe e ainda os locais de descarga. A adoção desses relatórios, permitirá a detectação com exatidão de portos receptores e portos doadores e a partir destes dados desenvolver programas de monitoramento marinho, efetuar pesquisas, minimizando esforços e despesas, e otimizando resultados.

Nesse compasso, em 28.04.2000, entrou em vigor no país a Lei nº 9.966/00 (BRASIL, 2000), conhecida como a Lei do Óleo. Essa lei surge em resposta à Resolução A.868 (20) e dispõe sobre a prevenção, o controle e a fiscalização da poluição causada por lançamento de óleo e outras substâncias nocivas ou perigosas em águas jurisdicionais brasileiras e dá outras providências. O art. 2º da lei traz algumas importantes definições como:

> [...] substância nociva ou perigosa: qualquer substância que, se descarregada nas águas, é capaz de gerar riscos ou causar danos à saúde humana, ao ecosistema aquático ou prejudicar o uso da água e de seu entorno.
>
> e:
>
> [...] água de lastro contida em um tanque que, desde que transportou óleo pela última vez, foi submetido a limpeza em nível tal que, se esse lastro fosse descarregado pelo navio parado em águas limpas e tranquilas, em dia claro, não produziria traços visíveis de óleo na superfície da água ou no litoral adjacente, nem produziria borra ou emulsão sob a superfície da água ou sobre o litoral adjacente.

Referida lei proíbe ainda a descarga de água de lastro que contenha traços de óleo em águas sob jurisdição nacional, exceto em algumas situações peculiares, como, entre outras, os casos de força maior ou de emergência, para resguardar a segurança da vida humana e/ou do navio, mas, mesmo nesses casos específicos, fica obrigado a reparar o dano causado ao meio ambiente e indenizar todos os prejuízos causados pelo deslastre irregular, aquele que der causa ao evento danoso:

> Art. 15. É proibida a descarga em águas sob jurisdição nacional, de substâncias nocivas ou perigosas, [...] além de água de lastro, resíduos de lavagem de tanques ou outras misturas que contenham tais substâncias.
>
> Art. 21. As circunstâncias em que a descarga, em águas sob jurisdição nacional, de óleo e substâncias nocivas ou perigosas, ou misturas que os contenham, de água de lastro e de outros resíduos poluentes for autorizada, não desobrigam o respon-

sável de reparar os danos causados ao meio ambiente e de indenizar as atividades econômicas e o patrimônio público e privado pelos prejuízos decorrentes dessa descarga.

Conforme dispõe esta lei, o responsável por efetuar o deslastre irregular da água de lastro em desconformidade com a legislação vigente, ou, ainda, o causador de algum dano ao meio ambiente marinho, poderá ser autuado e multado no valor de R$ 1.000,00 (um mil reais) a R$ 50.000.000,00 (cinquenta milhões de reais), conforme a classificação da substância lançada.

Ressalta-se ainda a aplicação do Decreto nº 4.136/2002, o qual dispõe sobre a especificação das sanções aplicáveis às infrações e às regras de prevenção, controle e fiscalização da poluição causada por lançamento de óleo e outras substâncias nocivas ou perigosas em águas sob jurisdição nacional, prevista na Lei nº 9.966, de 28 de abril de 2000.

A ANVISA, com o fito de poder inspecionar a água de lastro, editou a Resolução RDC 217, de 21.11.2001 (BRASIL, 2001). Esta Resolução define a responsabilidade das empresas de navegação, armadores, agentes de navegação, responsáveis diretos pelas embarcações, consignatários e corretores de navios, comandante, entre outros, quanto às exigências sanitárias relacionadas aos viajantes procedentes de áreas geográficas endêmicas ou epidêmicas.

Dispõe o Título V da referida Resolução, exclusivamente, sobre a água de lastro, em seus cinco artigos, que o responsável direto ou o representante legal pela embarcação deverá informar à autoridade sanitária os dados relativos ao armazenamento de água de lastro e de seu lançamento em águas sob jurisdição nacional (art. 25), bem como deverá entregar o Formulário de Informações sobre a Água de Lastro (art. 26) (constante do anexo A do presente trabalho); e, ainda, que o lançamento da água de lastro captada em área geográfica considerada como área de risco à saúde pública ou ao meio ambiente fica condicionado à autorização prévia da autoridade sanitária, ouvido o Órgão Federal de Meio Ambiente e a autoridade marítima (art. 27); está toda embarcação sujeita à coleta de amostra de água de lastro para análise (art. 28); é proibida a utilização dos tanques próprios para água de lastro para outros fins (art. 29).

Com a evolução das discussões internacionais sobre a água de lastro e dos problemas que dela advém, foi realizada, em 2004, a primeira Convenção internacional sobre a água de lastro.

O Brasil foi o segundo país a ratificar a convenção e, com o fito de agilizar o processo de implantação das diretrizes da convenção, no âmbito interno, por meio da Portaria 52 da DPC, de 14.07.2005, aprovou a Norma da Autoridade Marítima para o Gerenciamento da Água de Lastro de Navios – NORMAM 20/DPC (BRASIL, 2005).

ORIGEM E DEFINIÇÃO DA ÁGUA DE LASTRO

Conforme a NORMAM 20/DPC[6], as embarcações que naveguem em águas jurisdicionais nacionais deverão: realizar a troca da água de lastro a pelo menos 200 milhas náuticas da costa e em águas com pelo menos 200 metros de profundidade; trocar a água de lastro se estiver engajado em navegação comercial entre bacias hidrográficas distintas e sempre que a navegação for entre portos marítimos e fluviais; utilizar para a troca da água de lastro os métodos de tratamento adequados e preencher de forma correta o formulário com as informações relativas à origem, troca e descarga de água utilizada como lastro.

Estão sujeitas a seguir as instruções da referida norma, todas as embarcações brasileiras ou estrangeiras que se utilizarem dos portos e terminais nacionais. Os procedimentos de gerenciamento de água de lastro devem ser realizados de maneira correta, segura, eficaz e que não causem atrasos comerciais desnecessários.

É dispensada a aplicação desta norma, mediante comunicação obrigatória ao Agente da Autoridade Marítima competente, em determinados casos emergenciais ou com certas particularidades, quais sejam:

a) Casos de força maior ou de emergência, para resguardar a segurança da vida humana e/ou do navio;

b) Quando for necessária, a captação ou descarga da água de lastro e sedimentos nela contidos para garantir a segurança de um navio e das pessoas a bordo em situações de emergência ou salvamento de vida humana no mar;

c) Quando ocorrer descarga acidental da água de lastro e sedimentos nela contidos resultantes de dano ao navio ou seus equipamentos, desde que todas as precauções razoáveis tenham sido tomadas, antes e depois da ocorrência ou descoberta do dano ou descarga, visando prevenir ou minimizar a descarga, e a menos que o armador, companhia, operador do navio ou oficial responsável negligentemente tenha causado o dano;

---

[6] BRASIL, 2009. MARINHA DO BRASIL. NORMAM 20/DPC. O Gerenciamento da Água de Lastro dos Navios. Brasília: Diário Oficial da União, 2005: Entrou em vigor em 15.10.2005, com o propósito de: "Estabelecer requisitos referentes à prevenção da poluição por parte das embarcações em Águas Jurisdicionais Brasileiras (AJB), no que tange ao Gerenciamento da Água de Lastro. O sistema inicial terá como base fundamental a troca da Água de Lastro de acordo com a Resolução de Assembléia da Organização Marítima Internacional (IMO) A.868 (20), de 1997 e com a Convenção Internacional de Controle e Gestão da Água de Lastro e Sedimentos de Navios, adotada em fevereiro de 2004 e assinada pelo Brasil em 25 de fevereiro de 2005, e será aplicado a todos os navios que possam descarregar Água de Lastro nas Águas Jurisdicionais Brasileiras (AJB)".

GERENCIAMENTO E CONTROLE DA ÁGUA DE LASTRO E A RESPONSABILIDADE CIVIL

d) Quando a captação e descarga da água de lastro e sedimentos nela contidos forem realizadas com a finalidade de evitar ou minimizar incidentes de poluição causados pelo navio; e

e) Quando a descarga da água de lastro e sedimentos nela contidos realizar--se no mesmo local onde a totalidade daquela água de lastro e seus sedimentos se originaram, contanto que nenhuma mistura com água de lastro e sedimentos de outras áreas tenha ocorrido.

Em outros casos, os navios são isentos do cumprimento da NORMAN-20/ /DPC (BRASIL, 2005), mas deverão sempre pautar suas ações de maneira a evitar, ao máximo, a poluição e a bioinvasão do meio ambiente pelo deslastre irregular. Assim, ficam isentos os seguintes navios:

a) Qualquer navio de guerra, navio auxiliar da Marinha ou qualquer outro navio de propriedade de um Estado ou operado por ele e utilizado, temporariamente, apenas em serviço governamental não comercial;

b) Navios, com tanques selados, contendo água de lastro permanente não sujeita a descarga para o meio ambiente aquático;

c) Embarcações de apoio marítimo e portuário;

d) Navios cujas características do projeto não permitam a troca de lastro, mediante solicitação prévia, feita pelo armador à Diretoria de Portos e Costas (DPC), de forma fundamentada; e

e) As embarcações de esporte e recreio usadas somente para recreação/competição ou aquelas usadas com fins de busca e salvamento, cujo cumprimento total não exceda 50 metros e com capacidade máxima de água de lastro de oito metros cúbicos.

A NORMAN-20/DPC impõe, como regra geral, a todas as embarcações que possuem tanques/porões de água de lastro e que utilizam os portos e terminais brasileiros que façam a troca de todo o lastro em águas oceânicas antes de chegarem em águas jurisdicionais brasileiras.

A NORMAN-20/DPC possui, ainda, uma importante regra para as embarcações que aportam em bacias fluviais. Devido à fragilidade do ecossistema, deverão ser realizadas pelo menos duas trocas das águas de lastro, uma a mais de 200 milhas náuticas da costa e outra antes de entrar em águas fluviais.

Essa regra impacta diretamente os Estados do Amapá e do Pará, por serem portas de entrada e saída de grande parte dos navios que adentram a região Norte do Brasil. Nesse cenário, os navios que forem entrar no Rio Amazonas, oriundos da navegação internacional ou de bacia fluvial distinta, deverão efetuar duas trocas de água de lastro. A primeira para evitar a transferência de organismos exóticos e/ou patogênicos, e deve ser realizada conforme descrito nas diretrizes gerais (inciso 2.3.3 da NORMAN-20/DPC) no caso de navegação internacional, e, no caso da cabotagem, a troca poderá ser feita de pelo menos uma vez o volume do tanque, mesmo quando o navio utilizar o método do fluxo contínuo ou de diluição brasileiro, que será devidamente explicado no item 1.4.2 deste trabalho. A segunda troca, para diminuir a salinidade da água de lastro, deve ser realizada no trecho entre a isobática de vinte metros e Macapá.

Nos casos de navios com volume de lastro menor ou igual a 5000m^3, o limite será o da foz do Rio Jari. Nesta segunda troca será necessário bombear apenas uma vez o volume do tanque, tanto para a navegação internacional quanto para a de cabotagem. Os procedimentos para os navios que adentrarem o Brasil pelo Rio Pará deve ser idêntico ao do Rio Amazonas: os navios devem realizar as duas trocas, a primeira troca conforme descrito no inciso 2.3.3 da NORMAN-20/DPC no caso de navegação internacional, e, no caso da cabotagem, a troca poderá ser de pelo menos uma vez o volume do tanque. A segunda troca deve ocorrer a pelo menos sessenta milhas náuticas de Salinópolis até o farol da Ponta do Chapéu Virado (Ilha do Mosqueiro), bombeando apenas uma vez o volume do tanque, conforme demonstra a figura 3.

Figura 3: Fotografia mostrando vista aérea do Farol da Ponta do Chapéu Virado (Ilha do Mosqueiro-PA)

Fonte: Google Maps, 2012.

Não se pode deixar de mencionar que poderá existir a responsabilidade criminal daquele que, mediante o deslastre indevido da água de lastro do navio, praticar as condutas descritas nos artigos 54 e seguintes da Lei nº 9.605/98 (BRASIL, 1998), normas essas que dispõem sobre sanções penais derivadas de condutas e atividades lesivas ao meio ambiente. São elas:

> Art. 54. Causar poluição de qualquer natureza em níveis tais que resultem ou possam resultar em danos à saúde humana, ou que provoquem a mortandade de animais ou a destruição significativa da flora:
> Pena – reclusão, de um a quatro anos, e multa.
> § 1º Se o crime é culposo:
> Pena – detenção, de seis meses a um ano, e multa.
> § 2º Se o crime:
> I – tornar uma área, urbana ou rural, imprópria para a ocupação humana;
> II – causar poluição atmosférica que provoque a retirada, ainda que momentânea, dos habitantes das áreas afetadas, ou que cause danos diretos à saúde da população;
> III – causar poluição hídrica que torne necessária a interrupção do abastecimento público de água de uma comunidade;
> IV – dificultar ou impedir o uso público das praias;
> V – ocorrer por lançamento de resíduos sólidos, líquidos ou gasosos, ou detritos, óleos ou substâncias oleosas, em desacordo com as exigências estabelecidas em leis ou regulamentos:
> Pena – reclusão, de um a cinco anos.
> § 3º Incorre nas mesmas penas previstas no parágrafo anterior quem deixar de adotar, quando assim o exigir a autoridade competente, medidas de precaução em caso de risco de dano ambiental grave ou irreversível.

Percebe-se que a legislação nacional sobre a água de lastro é uma das mais avançadas do mundo. Porém, sua aplicação, como ocorre com outros problemas ambientais nacionais, não é suficientemente ampla e eficaz. Necessita de alguns ajustes aos procedimentos hoje adotados, a exemplo da região amazônica, em que deve ser contemplada e observada as peculiaridades da região. É fato que o Brasil já conseguiu normatizar as diretrizes e regras internacionais para a gestão de água de lastro, entretanto, a aplicabilidade com uma efetiva fiscalização por parte dos Órgãos governamentais envolvidos no processo, ainda não são totalmente efetivas e eficientes, o que por si só mantém o perigo e o problema da bioinvasão via água de lastro.

1.3. O Direito Internacional e a Água de Lastro

No decorrer da história, os países sempre deram muita importância ao Direito do Mar, mas as discussões se circunscreviam, principalmente, sobre questões de soberania nacional. Contudo, as regras e normas àquela época, e, por muito tempo, foram consuetudinárias, não havia um direito positivado a respeito, o que tornava difícil atingir sua plena eficácia e aplicação. Somente no século XX, sentiu-se a necessidade de regulamentar essa seara no âmbito do Direito Internacional Ambiental. Surgiram, desde então, inúmeras convenções e tratados em busca de uma positivação do Direito do Mar.

Foi sob a orientação da Organização das Nações Unidas (ONU), que esta normatização ganhou forma e conteúdo, deflagrando em Genebra, em 1958, a primeira Convenção das Nações Unidas sobre o Direito do Mar.

Nesse primeiro momento, o fator econômico dominava o enfoque dado às discussões sobre o Direito do Mar, porém não se deixava de discutir a preocupação com a poluição das águas, a qual, embora bastante antiga no Direito, era tão somente ligadas aos aspectos econômicos e não ambientais.

Zanella (2010, p. 69) acrescenta que:

> Em função do agravamento das questões ambientais e do surgimento de uma consciência ecológica na opinião pública internacional, durante o século XX, nasce o Direito Ambiental internacional, com o intuito de tutelar e organizar internacionalmente as questões ambientais. O Direito Internacional não conseguia mais controlar e abranger de forma satisfatória os problemas ambientais, pois centrava-se somente na reparação do dano e não na prevenção. Desse modo, ficou evidente que uma nova forma, mais abrangente e adequada, de abordar o tema era necessária. Assim sendo, um novo ramo do Direito Internacional nascia, o Direito Ambiental Internacional.

Nesse contexto, os problemas ambientais relacionados com os mares ganharam uma nova dimensão com o Direito Ambiental Internacional, e fez surgir uma maior preocupação global relacionada com o tema. Como consequência da conscientização internacional que o Direito Ambiental propiciou, aliado aos vários acidentes e desastres ambientais nesse período, surgiu o estabelecimento de mecanismos e normas para o controle do meio ambiente marinho. Assim, como uma espécie de fusão entre o Direito Ambiental e o Marítimo, nasceu o que se pode, atualmente, chamar de Direito Ambiental Marítimo, que surgiu para dar sustentação e guarida a todas as questões e problemas relacionados ao meio ambiente marinho.

Segundo Ruiz (2000), o Direito Ambiental Internacional é baseado em alguns princípios básicos para a proteção do meio ambiente:

> a) princípio da prevenção do dano ambiental transfronteiriço; b) princípio da responsabilidade e reparação de danos ambientais; c) princípio da avaliação do impacto ambiental; d) princípio da precaução; e) princípio do poluidor-pagador; e f) princípio da participação cidadã.

Uma das principais preocupações do Direito Ambiental Marítimo é a poluição transfronteiriça, o que torna indispensável a adoção do princípio do dano ambiental transfronteiriço, já que, neste sentido, não existem fronteiras no mundo marinho.

Pode-se considerar como um tipo de poluição transfronteiriça a introdução de espécies exóticas por meio de água de lastro, pois a bioinvasão pode ocorrer no porto ou estuário de um país e acabar alastrando-se e afetar outros. Um país, ao receber a água de lastro contaminada, pode adquirir uma espécie exótica invasora, capaz de se reproduzir e disseminar de forma descontrolada, e pode essa bioinvasão afetar os demais países vizinhos, haja vista que no mar não há fronteiras físicas que impeçam essa dispersão. Como exemplo desta bioinvasão foi o já referido mexilhão dourado, que introduzido pelo deslastre irregular na Bacia do Prata, na Argentina, acabou se alastrando para o Brasil e Paraguai, e causou diferentes problemas ambientais, mediante uma proliferação difícil de ser contida.

Diante de tantos aspectos negativos que envolvem o problema, a questão da água de lastro passou a ser então considerada como um dos temas mais importantes tratados nas convenções internacionais sobre poluição marítima e, desde 1982, o assunto vem sendo tratado no âmbito da ONU a fim de se estabelecerem mecanismos legais, referentes ao gerenciamento da água utilizada como lastro, juntamente com as diretrizes para sua efetiva implementação.

A Convenção das Nações Unidas sobre o Direito do Mar, de 1982, estabeleceu que os Estados devem tomar medidas com vistas à prevenção da introdução de espécies exóticas que pudessem causar danos ao ambiente marinho. Em 1992, na Eco-92, a Agenda 21 estabeleceu "um conjunto de princípios e programa de ação de desenvolvimento sustentável estabelecido para o século 21" e recomendou que a IMO e outros órgãos internacionais tomassem providências com respeito à transferência de organismos por navios.

Em 1997, essa organização adotou a Resolução A.868 (20) e estabeleceu que todo navio, ao utilizar água como lastro, deve ter um plano próprio de "gerenciamento" dessa água, com objetivo de minimizar a transferência de organismos aquáticos nocivos e agentes patogênicos. Recomenda também que sejam disponibilizadas, nos portos e terminais, instalações adequadas para recebimento e tratamento da água utilizada como lastro.

Em nossa legislação pátria, a Lei nº 9.966, de 28 de abril de 2000, a qual dispõe sobre a prevenção, o controle e a fiscalização da poluição causada por lançamento de óleo e outras substâncias nocivas ou perigosas em águas sob jurisdição nacional, em seu art. 5.º, estabelece que todo porto organizado, instalação portuária e plataforma deverão dispor dos meios adequados para o recebimento e tratamento dos diversos tipos de resíduos e para o combate à poluição.

ORIGEM E DEFINIÇÃO DA ÁGUA DE LASTRO

Em maio de 2000, a IMO, através do Programa das Nações Unidas para o Desenvolvimento (PNUD), com apoio financeiro do Fundo para o Meio Ambiente Global, iniciou o programa "Remoção de Barreiras para a Implementação Efetiva do Controle da Água de Lastro e Medidas de Gerenciamento em Países em Desenvolvimento" (Removal of Barriers to the Effective Implementation of Ballast Water Control and Management Measures in Developing Countries), também conhecido como Programa Global de Gerenciamento de Água de Lastro (Global Ballast Water Management Programme), ou, simplesmente Globallast, forneceu assistência técnica, capacitação e "encorajamento institucional" para os países participantes realizarem um efetivo "gerenciamento" da água de lastro de forma a reduzir a transferência de espécies marinhas não nativas indesejáveis que têm como vetor a água de lastro.

O Programa Globallast, considerou a vulnerabilidade de diversas regiões do globo e escolheu seis portos (ou áreas-piloto) em países em desenvolvimento: Sepetiba, no Rio de Janeiro; Dalian, na China; Bombaim, na Índia; Kharg Island, no Irã; Saldanha, na África do Sul; e Odessa, na Ucrânia.

Em 2001, a ANVISA editou a Resolução RDC nº 217, em que segundo os artigos 6º e 19, toda embarcação deve entregar à Autoridade Sanitária o Formulário de Água de Lastro devidamente preenchido quando da solicitação de Livre Prática.

A Conferência sobre Desenvolvimento Sustentável, em 2002, conhecida como "Cúpula da Terra" – "Rio+10", reafirmou o compromisso da Agenda 21 no sentido de buscar uma solução para impedir a invasão de espécies exóticas e a disseminação de micro-organismos patogênicos trazidos pela água de lastro dos navios.

O governo federal, em 2002, editou o Decreto nº 4.136, o qual dispõe sobre a especificação das sanções aplicáveis nos casos de infrações às regras de prevenção, controle e fiscalização da poluição causada por lançamento de óleo e outras substâncias nocivas ou perigosas em águas, sob jurisdição nacional, já prevista na Lei nº 9.966, de 28 de abril de 2000.

Em 2004, surge a nova Convenção Internacional sobre Controle e Gestão de Água de Lastro e Sedimentos de Navios, assinada pelo Brasil e aprovada pelo Congresso Nacional somente em 12 de março de 2011, por meio do Decreto Legislativo nº 148. Aguarda, ainda, ratificação presidencial e publicação, e, a partir de então, obrigará que cada navio tenha a bordo e implemente um plano específico e individual de gestão de água de lastro, estabelecendo que as embarcações deverão, como regra geral, realizar a troca da água de lastro de preferência em alto mar, no mínimo a 320 quilômetros (200 milhas náuticas) da costa ou a 200 metros de profundidade.

Em 2005, o Brasil estabeleceu a "Norma da Autoridade Marítima para o Gerenciamento da Água de Lastro de Navios" da Diretoria de Portos e Costas, (NORMAM-20/DPC) de observância obrigatória para todos os navios que navegarem em águas jurisdicionais brasileiras, em conformidade com o estabelecido no art. 151 do Decreto nº 6.514/08, que regulamentou a Lei dos Crimes Ambientais (Lei nº 9.605/98), que facultou ao órgão competente, a Autoridade Marítima, a possibilidade de expedir atos normativos visando disciplinar os procedimentos para aplicação de penalidades administrativas. Assim, qualquer violação a esta norma consubstancia-se como infração administrativa ambiental.

A citada norma atende as recomendações da Resolução A.868 (20) da IMO e as exigências da Convenção Internacional sobre Controle e Gestão de Água de Lastro e Sedimentos de Navios de 2004, inclusive com a obrigação de realização do deslastre da água ser realizado a pelo menos 200 milhas náuticas da terra mais próxima, em zonas com pelo menos 200 metros de profundidade.

Embora haja uma entidade supranacional (ONU, por meio da IMO) que regule e normatize de forma eficaz o problema da poluição do meio ambiente marinho, por meio da água de lastro, ela foi materializada por meio de resolução e convenção internacionais, que são extremamente importantes para se tentar dirimir o problema. Porém, sem um Direito Internacional mais forte, que imponha sanções aos Estados que desrespeitem estas normas, o acatamento a estas regras internacionais depende da boa vontade e da cooperação entre as nações envolvidas. Caso algum país resolva, por questões econômicas ou outras quaisquer, não cumprir com as diretrizes sugeridas, nada, nem ninguém poderá convencê-lo a fazer por meio da força. Conforme salienta Soares (2004, p. 365), somente com uma cooperação internacional voluntária as regras e normas de controle e gestão da água de lastro podem efetivamente valer e fazer-se cumprir. Nesse viés, percebe-se que a cooperação entre os Estados ocorre de forma voluntária, mas somente à medida que seus interesses particulares são contemplados.

Todas as nações devem se envolver no sentido de cooperar e acatar as diretrizes internacionais, regulamentando a questão no âmbito nacional, para que o problema causado pela água de lastro seja efetivamente dirimido.

Resolução A.868 (20)

A água de lastro foi normatizada pela primeira vez na trigésima primeira sessão do Comitê de Proteção ao Meio Ambiente Marinho (MEPC), em 1991. Nessa ocasião, foi adotada a Resolução MEPC.50 (31) (Resolução MEPC.50 (31), 1991), que tinha o objetivo de prevenir a introdução de espécies marinhas nocivas e agentes patológicos procedentes da água de lastro utilizada como lastro nos navios.

ORIGEM E DEFINIÇÃO DA ÁGUA DE LASTRO

Tendo em vista a primeira grande bioinvasão ocorrida em 1988, com a introdução do mexilhão zebra (Dreissena polymorpha) nos Estados Unidos, os próprios Estados sentiram a necessidade de regularem a questão do lançamento de água de lastro no meio ambiente marinho.

Com a Conferência do Rio, realizada em 1992, a Agenda 21 solicitou a IMO, com apoio dos Estados, que novos estudos sobre a questão fossem realizados e, em 1993, a Assembléia da IMO acabou adotando a Resolução A.774 (18). Posteriormente, esta Resolução foi remetida ao Comitê de Segurança Marítima (MSC) e ao MEPC, para que continuassem os estudos relativos à água de lastro e à aplicação das diretrizes, com o intuito de aprimorar as formas de prevenção, controle e tratamento, além de anexá-la à MARPOL 73/78 (Convenção Internacional para a Prevenção da Poluição por Navios).

Assim, o MEPC e o MSC realizaram estudos e trabalhos com o desígnio de compilar dispositivos legais, bem como tornar mais eficazes as diretrizes já elaboradas para um melhor gerenciamento da água utilizada como lastro[7].

O resultado destes estudos e trabalhos culminou na adoção, em 1997, pela Assembléia da IMO, por meio da Resolução A.868 (20) (RESOLUÇÃO A.868 (20), 1991), "[...] as Diretrizes para o controle e gerenciamento da água de lastro dos navios, para minimizar a transferência de organismos aquáticos nocivos e agentes patogênicos". Nesse compasso, era predominante o pensamento de que se o gerenciamento da água de lastro dos navios não fosse regulado por uma entidade supranacional, com o envolvimento de todos os Estados, novos casos de bioinvasão poderiam ocorrer. Neste sentido o artigo 1.1 da referida Resolução afirma que:

1.1 – Estudos realizados em diversos países demonstraram que muitas espécies de bactérias, plantas e animais podem sobreviver, na água de lastro e nos sedimentos transportados pelos navios, mesmo após viagens com vários meses de duração. A posterior descarga dessa água de lastro e desses sedimentos nas águas dos Estados do Porto podem permitir o estabelecimento de uma ameaça à vida humana, aos animais e aos vegetais existentes no local, bem como ao meio ambiente marinho. Embora tenham sido identificados outros meios responsáveis pela transferência de organismos entre áreas marítimas geograficamente afastadas, a água de lastro descarregada pelos navios parece estar entre os mais importantes.

---

[7] RESOLUÇÃO A.868 (20), op. Cit., 1997. Prefácio: " Como solicitado pela Resolução A.774 (18), o MSC elaborou uma orientação relativa aos aspectos de segurança relativos à troca da água de lastro no mar, que foi distribuída na forma de Circulares MEPC/Circ.329 e MSC/Circ.806, ambas de 30 de junho de 1997. Além disso, o MSC apreciou os assuntos pertinentes, referentes ao gerenciamento de água de lastro, bem como aos requisitos a serem considerados no projeto de novos navios".

A referida Resolução visava a um contínuo processo de evolução e aperfeiçoamento dos procedimentos no gerenciamento da água de lastro. Dessa forma, ela convidava os países a aplicar as diretrizes, cooperar, com a adoção de todas as medidas solicitadas e aprofundarem-se em novas pesquisas, inclusive com o apoio da indústria naval, sendo que, se houvesse algum progresso, deveriam comunicar à IMO e aos outros países.

Dentre as normas e diretrizes da Resolução A.868 (20) (RESOLUÇÃO A.868 (20), 1991), podem ser destacadas as seguintes:

1. Os Países Membros, ao exigirem o cumprimento de normas para a descarga de água de lastro e sedimentos em seus portos, devem informar à Organização qualquer existência específica e enviar cópias de quaisquer regulamentos, normas, dispensas ou diretrizes que estiverem sendo aplicadas, com a finalidade de informar os demais Países Membros e organizações não governamentais;

2. Todos os navios devem verificar as exigências do porto a que se dirigem, antes de sua chegada;

3. Os Países Membros estão convidados a fornecer à Organização os detalhes relativos a qualquer pesquisa e estudo relacionados ao impacto e controle de organismos nocivos existentes na água de lastro e nos sedimentos nela contidos. Do mesmo modo, devem também fornecer os detalhes dos registros portuários efetuados, relatando as razões pelas quais as exigências impostas pelos portos não puderam ser atendidas, como, por exemplo, mau tempo, falha nos equipamentos ou falta de informações relativo às exigências do País;

4. Ainda, segundo a Resolução A.868 (20), todo navio que utilizar água como lastro deverá ser dotado de um plano para o seu gerenciamento, fornecendo assim procedimentos seguros e eficazes. Este plano deve ser incluído na documentação operacional do navio, disponível para a autoridade do País, ou seja, qualquer funcionário ou organização autorizada pelo Governo a conduzir as diretrizes ou a exigir o cumprimento das normas e regulamentos pertinentes à implementação das medidas de controle da navegação nacional e internacional – no Brasil, pelo Comandante da Marinha;

5. O recebimento ou a descarga de água de lastro deve ser reduzido ao mínimo ou, quando possível, evitado, em áreas e situações como as seguintes:
   a) Em locais onde tenham sido registrados organismos tidos como "perigosos" ou onde esteja ocorrendo florescimento de algas;
   b) Em locais onde existam operações de dragagem nas proximidades;
   c) Em portos com grande acúmulo de sedimentos em suspensão;
   d) Em áreas com descarga de esgoto ou com conhecida incidência de doenças;
   e) À noite, quando alguns organismos planctônicos migram para a superfície;
   f) Em águas muito rasas ou quando as hélices puderem levantar sedimentos.

ORIGEM E DEFINIÇÃO DA ÁGUA DE LASTRO

6. Caso não haja meios de controle dotados de base científica, a Resolução reconhece que a troca de água de lastro em áreas oceânicas profundas é o melhor meio de limitar a transferência de espécies pela água utilizada como lastro;

7. Quando possível, os navios devem realizar a troca da água de lastro em águas profundas, em mar aberto, o mais longe possível da costa[8].

1.3.1. Convenção Internacional sobre Água de Lastro

Os esforços realizados para aprimorar o gerenciamento da água utilizada como lastro pelos navios vêm sendo realizado conjuntamente entre cientistas, profissionais da navegação, com os Estados e a IMO, desde a Conferência do Rio e da Agenda 21. Como consequência destes esforços, resultados começaram a surgir e, a partir daí, surgiram algumas Resoluções que iniciaram o processo de normatização da utilização da água de lastro. Contudo o grande marco desta luta ocorreu em fevereiro de 2004, quando a IMO organizou, em sua sede em Londres, a Convenção Internacional Sobre Controle e Gestão da Água de Lastro e Sedimentos de Navios.

Participaram desta Convenção 74 Estados e 18 organizações não governamentais. Todavia, a referida Convenção ainda não entrou em vigor, pois segundo o art. 18 (CONVENÇÃO INTERNACIONAL SOBRE CONTROLE E GESTÃO DA ÁGUA DE LASTRO E SEDIMENTOS DE NAVIOS – BWM 2004, 2004):

Artigo 18. Entrada em Vigor
1 – A presente Convenção entrará em vigor doze (12) meses após a data em que não menos do que trinta e cinco por cento da arqueação bruta da frota mercante mundial, tenham assinado a mesma sem reservas no que tange a ratificação, aceitação ou aprovação, ou tenham entregue o instrumento de ratificação, aceitação, aprovação ou adesão requerido em conformidade com o Artigo 17.

Até o momento 37 países ratificaram a Convenção, o que representa apenas 30,32% da tonelagem mundial transportada[9]. O primeiro país a ratificá-la foi a Espanha, o Brasil foi o segundo, aprovada, pelo Congresso Nacional, somente em 12 de março de 2011, por meio do Decreto Legislativo nº 148, e aguarda a ratificação presidencial e posterior publicação. O Brasil, por meio da Norma da Autoridade Marítima 20 – NORMAM 20, já adotou na legislação nacional as diretrizes da Convenção, que já vigoram no país desde o dia 15.09.2005.

---

[8] RESOLUÇÃO A.868 (20). Principais Diretrizes. Disponível em: <*http://zoo.bio.ufpr.br/invasores/intern1. htm*>. Acesso em: 20 mar. 2012.

[9] Segundo a Organização Marítima Internacional, até 31.03.2013, 36 países haviam ratificado a Convenção. Informação disponível em: <*http://www.imo.org/About/Conventions/StatusOfConventions/Pages/ Default.aspx*>. Acesso em: 18 julho 2013.

Salienta-se que, ratificando-a, o Estado compromete-se a seguir todas as diretrizes a fim de prevenir, dirimir e eliminar a introdução de organismos aquáticos nocivos e agentes patogênicos por meio da água de lastro. Fica ao encargo de cada País o compromisso de vistoriar e certificar os navios que transportam água como lastro. Cabe, ainda, a todos os envolvidos no processo a promoção da pesquisa científica e técnica sobre a gestão da água de lastro.

Segundo a referida Convenção, diversos procedimentos técnicos devem ser adotados para efetuar-se a troca do lastro, com obrigatoriedade que cada navio tenha a bordo e implemente um plano específico e individual de gestão de água de lastro, e estabelece que as embarcações deverão, como regra geral, realizar a troca da água de lastro de preferência em alto mar, no mínimo a 320 quilômetros (200 milhas náuticas) da costa e a 200 metros de profundidade. A troca deverá ocorrer pelo menos três vezes durante o percurso e com pelo menos 95% de troca volumétrica da água de lastro.

Se adotadas essas medidas, elimina-se o risco de bioinvasão, pois, como a salinidade oceânica é diferente da dos estuários, as espécies que vivem em alto-mar não sobrevivem perto da costa, local em que a salinidade é menor, e vice-versa[10].

Em função do grande volume de água que é despejado nos estuários pelos rios que deságuam no mar, a salinidade próxima à linha de costa é menor que em alto mar. Os embriões das espécies que vivem além das 200 milhas náuticas não sobrevivem quando são introduzidos em águas com salinidade mais baixa, como nas baias portuárias.

Ressalta-se que essas medidas só passarão a ser obrigatórios entre os signatários da Convenção quando esta passar a vigorar internacionalmente, ou quando o país adotar por sua própria vontade em sua legislação nacional, como fez o Brasil. A obrigatoriedade da implementação de algumas diretrizes, segundo a Convenção, varia entre 2009 e 2016, dependendo do ano da construção da embarcação e da capacidade dos seus tanques de lastro.

Dentre as normas mais importantes (CONVENÇÃO INTERNACIONAL SOBRE CONTROLE E GESTÃO DA ÁGUA DE LASTRO E SEDIMENTOS DE NAVIOS – BWM 2004, 2004), destacam-se algumas como:

Art. 2º. Obrigações Gerais – "As Partes se comprometem a cumprir total e plenamente os dispositivos da presente Convenção e seu Anexo visando prevenir, minimizar e, por fim, eliminar a transferência de Organismos Aquáticos Nocivos e Agentes Patogênicos através do controle e gestão da água de lastro dos navios e dos sedimentos nela contidos. No entanto, nada na Convenção será interpretado como obstáculo para que uma Parte tome, individualmente ou em conjunto com outras

---

[10] Anexo B da Convenção: Classificação das Águas Marinhas por Salinidade.

ORIGEM E DEFINIÇÃO DA ÁGUA DE LASTRO

Partes, medidas mais rígidas com respeito à prevenção, redução ou eliminação da transferência de Organismos Aquáticos Nocivos, em consonância com o direito internacional".

"As Partes, ao atuarem nos termos da presente Convenção, deverão envidar esforços para não causar perdas e danos ao meio ambiente, à saúde pública, às propriedades e recursos do seu ou de outros Estados".

Art. 4º. Controle – "Cada Parte deverá, com a devida consideração para com as suas condições e capacidades particulares, desenvolver políticas, estratégias ou programas nacionais para Gestão da Água de Lastro em seus portos e águas sob a sua jurisdição que estejam de acordo com os objetivos desta Convenção e visem atingi-los".

Art. 5º. Instalação de Recebimento de Sedimentos – "Cada Parte compromete-se a assegurar que, nos portos e terminais por ela designados para a limpeza ou reparo de tanques de lastro, sejam oferecidas instalações adequadas para a recepção de sedimentos... Tais instalações de recepção deverão funcionar sem causar demora indevida aos navios e deverão oferecer destinação segura para tais Sedimentos".

Art. 6º. Pesquisa e Monitoramento – "As Partes deverão envidar esforços, individualmente ou em conjunto, para promover e facilitar a pesquisa científica e técnica sobre Gestão de Água de Lastro; e para monitorar os efeitos da Gestão de Água de Lastro em águas sob sua jurisdição".

Art. 7º. Vistoria e Certificação – "Cada Parte deverá assegurar que os navios arvorando sua bandeira ou operando sob sua autoridade e sujeitos a vistoria e certificação sejam inspecionados e certificados".

Art. 9º. Inspeção de Navios – "Um navio sujeito a esta Convenção poderá em qualquer porto ou terminal de outra Parte, estar sujeito a inspeção por funcionários devidamente autorizados por essa Parte com a finalidade de determinar se o navio está em conformidade com a Convenção".

Art. 12. Demora Indevida de Navio – "Todos os possíveis esforços deverão ser envidados para evitar que um navio seja indevidamente detido ou retardado".

Art. 13. Cooperação e Assistência Técnica e Cooperação Regional – "As partes se comprometem, diretamente ou através da IMO e outros Órgãos internacionais, conforme apropriado, em relação ao controle e Gestão da Água de Lastro dos Navios e Sedimentos nela contidos, a fornecer apoio às Partes que solicitarem assistência técnica para treinar pessoal, assegurar a disponibilidade de tecnologia, equipamentos e instalações relevantes; iniciar programas conjuntos de pesquisa e desenvolvimento; e empreender outras ações visando a efetiva implementação desta Convenção e de orientação desenvolvida pela IMO a ela relacionada".

A Convenção adotou ainda quatro Resoluções, a saber:

Resolução 1: Trabalho futuro a ser empreendido pela Organização pertinente à Convenção Internacional sobre Controle e Gestão da Água de Lastro e Sedimentos de Navios.

Resolução 2: O uso de ferramentas de tomada de decisão quando da revisão das normas em conformidade com a Regra D-5.

Resolução 3: Promoção de cooperação e assistência técnica.

Resolução 4: Revisão do Anexo à Convenção Internacional sobre Controle e Gestão da Água de Lastro e Sedimentos de Navios.

Com a adoção da Convenção sobre Água de Lastro, conforme Resolução da Conferência Diplomática, foram adotadas 13 diretrizes para sua implantação. São elas:

1. Diretriz para instalações de recebimento de sedimentos;
2. Diretriz sobre amostragem de água de lastro;
3. Diretriz para conformidade equivalente de gestão de água de lastro;
4. Diretriz sobre gestão de água de lastro e desenvolvimento de plano correspondente;
5. Diretriz para instalações de recebimento de água de lastro;
6. Diretriz para a troca de água de lastro;
7. Diretriz sobre análise de risco/isenção de gestão de água de lastro;
8. Diretriz sobre aprovação dos sistemas de gestão de água de lastro;
9. Procedimentos para aprovação de sistemas de gestão de água de lastro que façam uso de substâncias ativas;
10. Diretriz para aprovação de protótipos das tecnologias de gestão de água de lastro;
11. Diretriz para design e construção de padrões de troca de água de lastro;
12. Diretriz para controle dos sedimentos dos navios;
13. Diretriz sobre medidas adicionais e situações de emergência.

Essas diretrizes não são soluções definitivas para o problema, mas certamente servirão de ferramentas com o intuito de minimizar e conter os riscos relacionados com o deslastre irregular de água de lastro. Espera-se que novas técnicas surjam com os avanços técnico-científicos, de maneira que as diretrizes aqui elencadas sejam aperfeiçoadas com o consequente aprimoramento do processo de gestão da água de lastro.

Assim, cabe a cada país a implementação das medidas de prevenção e gestão do problema, mas é fundamental, para o sucesso desta gestão, que haja uma mútua cooperação entre os Estados, a fim de prevenir os enormes impactos ambientais e econômicos em função da introdução de espécies exóticas. Pode-se detectar, nesta questão, a interdependência entre os países, pois se um deles deixar de adotar e seguir as medidas preventivas propostas, outros poderão ser frontalmente afetados e vice-versa.

1.4. A Gestão da Água de Lastro nos Portos Brasileiros, o Gerenciamento da Água de Lastro nos Navios e a Responsabilidade Administrativa de seus Operadores

A gestão da água de lastro, como órgão regulador, é de responsabilidade da Diretoria de Portos e Costas (DPC) da Marinha do Brasil, a qual, enquanto aguarda a entrada em vigor da Convenção Internacional sobre o Gerenciamento da Água de lastro, emitiu a Norma da Autoridade Marítima-20 (NORMAN-20/DPC), que, em suma, reproduz o conteúdo da referida Convenção.

A NORMAN-20/DPC estabelece que todos os navios devem realizar a troca oceânica da água de lastro antes de entrar em um porto brasileiro, procedimento que deve ser informado à ANVISA e à Capitania dos Portos, responsável pelo porto ou terminal de carga de destino, e seguir os mesmos parâmetros estabelecidos pela IMO, por meio da Convenção.

Assim, todo navio que chegue em qualquer porto brasileiro, ressalvadas as exceções previstas na própria Convenção, como navios de guerra, navios *supply boat*, barcos de pequeno porte e navios com lastro segregado, deverá enviar para os órgãos fiscalizadores (Marinha do Brasil e ANVISA) o relatório de água de lastro, o qual deve ser enviado para as referidas autoridades 24 horas antes de o navio chegar ao porto. Dessa forma, o responsável pelo conteúdo apresentado no relatório é o Comandante do navio, que deve preenchê-lo e assiná-lo, para atestar a veracidade das informações. Caso haja alguma discrepância entre os dados contidos no relatório e a qualidade da água de lastro existentes nos tanques, será ele responsabilizado.

O Órgão fiscalizador, a fim de verificar a veracidade dos dados informados no relatório apresentado pelo Comandante do navio, avalia o livro de registro de água de lastro, que indica o local em que a água foi coletada por meio de coordenadas geográficas citadas, bem como pela coleta de amostra da água de lastro, salientando que estas atividades são feitas *in loco*, a bordo do navio.

O principal parâmetro para se identificar a qualidade da água de lastro que foi admitida a bordo é medir corretamente a sua salinidade, porque a água do porto em que ela foi lastreada, geralmente apresenta uma salinidade menor do que a água do meio do oceano, bem como o porto onde a água será deslastrada. Assim, se uma espécie encontrar um ambiente parecido, em relação à salinidade, temperatura e nutrientes, ela pode se estabelecer no novo local, daí a importância de se medir a salinidade da água a bordo do navio, para se constatar a troca oceânica.

Chama-se a atenção para o fato de que a NORMAN-20/DPC, ao levar em conta os aspectos regionais brasileiros, estabelece parâmetros diferenciados para as operações realizadas na região amazônica, isso se deve às características do local, que apresenta trechos com ecossistema bastante sensível, com fauna e flora aquáticas não totalmente conhecidas, e também porque ocorre, nessa região, o escoamento dos rios no mar, o que pode gerar uma similaridade ambiental muito grande no local, devido a maior salinidade da água nesses trechos.

Dessa forma, os navios procedentes de viagens internacionais, ao adentrarem a Região Norte do país pela foz do Rio Amazonas, deverão realizar duas trocas de água de lastro; a primeira deverá seguir os padrões da IMO e a segunda deverá ser realizada em Macapá, oportunidade em que a água dos tanques devem ser recicladas apenas uma vez. Os navios que entram pelo Rio Pará devem fazer a segunda troca a 70 milhas náuticas da costa, entre Salinópolis e a Ilha do Mosqueiro.

1.4.1. A Gestão da Água de Lastro pelos Portos

A responsabilidade pela gestão da água de lastro é um dever de todos os envolvidos no processo. Dessa forma, os portos têm sua parcela de responsabilidade em relação a água de lastro despejada pelos navios que atracam em áreas de sua jurisdição, como também os órgãos fiscalizadores devem ter a responsabilidade de garantir que os navios cumpram o procedimento de controle e gestão da água de lastro. Assim, o problema ora posto requer ações que envolvem vários agentes, mediante ações integradas entre si e não isoladas.

Algumas medidas de gestão de água de lastro devem ser adotadas apenas pelos navios; outras, pelos portos da tomada ou da descarga da água de lastro, e, em alguns casos, uma combinação das duas alternativas.

Baseando-se na Convenção e nas diretrizes da IMO, os portos devem desenvolver Planos de Gestão de Água de Lastro do Porto. Nesses planos, devem ser detalhadas as exigências e ações a serem cumpridas pelos navios que entrarem no porto, bem como devem constar dados sobre o porto, levantamento de dados biológicos básicos da área portuária e avaliação de risco de lastro.

O Sistema PRFD – GISIS[11], na qual a sigla PRFD significa (Port Reception Facilities Database) Sistema de Dados sobre Instalações Portuárias de Recepção e GISIS (Global Integrated Shipping Information System) Sistema Global Integrado de Informações sobre a Navegação, tem como entidade governamental gestora a Agência Nacional de Transportes Aquaviários (ANTAQ), foi desenvolvido pela IMO, na qual prevê as regras básicas para recepção de resíduos de navios em

---

[11] Informação disponível em: <*http://www.antaq.gov.br/portal/DesempenhoPortuario/Documentos/ApresentacaoGISIS.pdf*>. Acesso em: 22 mar. 2012.

ORIGEM E DEFINIÇÃO DA ÁGUA DE LASTRO

portos e terminais portuários. Este sistema é de uso público e gratuito, com acesso pelo portal GISIS pelo site da ANTAQ, e a inclusão de dados é de responsabilidade da referida Agência por delegação da Marinha do Brasil.

Os portos e terminais portuários são responsáveis pelo preenchimento e envio à ANTAQ de formulários que trazem informações sobre o deslastre da água de lastro em local apropriado do porto e outras informações de interesse como água oleosa de porão; mistura oleosa contendo produtos químicos; resíduos oleosos (borra); etc.

O formulário trará informações sobre o nome do porto de origem; tipo de resíduo; prestador do serviço; tipo de instalação receptora; restrições de descarte e outras limitações; disponibilidade da estação receptora; tempo mínimo de notificação exigido; sistema de cobrança; responsável e cargo.

Este sistema teve sua célula embrionária na MARPOL 73/78 – Convenção Internacional para Prevenção da Poluição por Embarcações, que foi positivado no bojo do direito nacional brasileiro por meio de diversos decretos e decretos legislativos, na qual previa, entre outras, regras para prevenção da poluição por substâncias nocivas líquidas transportadas a granel e se aplicava a todos os navios, exceto navio de guerra, Marinha e de Estado não comercial.

Após, foi sancionada a Lei nº 9.966/2000 (BRASIL, 2000), voltada para a poluição do ambiente marinho brasileiro, águas interiores e hidrovias. Nessa oportunidade, consolidou-se a internalização dos princípios da MARPOL 73/78, aplicando-se a todas as categorias de poluentes (óleo, lixo, esgoto, água de lastro e demais substâncias nocivas ou perigosas), e obrigatoriedade da elaboração de planos de contingência e a existência de instalações de recepção e tratamento de resíduos, estabelecendo a responsabilidade dos diversos agentes nos casos de danos ao meio ambiente e a terceiros.

Neste sentido, a Lei nº 9.966/2000 (BRASIL, 2000), em seu artigo 5º preconiza que:

> Art. 5º: Todo porto organizado, instalação portuária e plataforma, bem como suas instalações de apoio, disporá obrigatoriamente de instalações ou meios adequados para o recebimento e tratamento dos diversos tipos de resíduos e para o combate da poluição, observadas as normas e critérios estabelecidos pelo órgão ambiental competente.

Assim, o papel da ANTAQ, conforme dispõe a Lei nº 10.233/01 (BRASIL, 2001), é:

> Art. 27 Cabe à ANTAQ, em sua esfera de atuação:
> X – representar o Brasil junto aos organismos internacionais de navegação e em convenções, acordos e tratados sobre transporte aquaviário, observadas as diretrizes

do Ministro de Estado dos Transportes e as atribuições específicas dos demais órgãos federais;

XII – supervisionar a participação de empresas brasileiras e estrangeiras na navegação de longo curso, em cumprimento a tratados, convenções, acordos e outros instrumentos internacionais dos quais o Brasil seja signatário;

De acordo com as Regras Básicas para Recepção de Resíduos de Navios, são obrigações do armador:

a) Entregar seus resíduos nas instalações de recepção antes de abandonar o porto: segregação adequada, embalados e lacrados (de preferência);
b) Entregar notificação prévia à autoridade portuária ou ao responsável pelo terminal portuário sobre os resíduos que serão descarregados (quantidade, qualidade, instalações de recepção);
c) Pagar uma tarifa obrigatória para cobrir os custos das instalações de recepção.

A obrigação do porto e dos terminais portuários, entre outras, será a de disponibilizar instalações ou meios adequados para o recebimento e tratamento dos diversos tipos de resíduos gerados pelos navios para o combate da poluição, observadas as normas e critérios estabelecidos pelo órgão ambiental competente.

Caso haja o não atendimento ou o mau atendimento ao armador por parte dos portos e terminais portuários, podem dar ensejo a uma denúncia junto à IMO.

Existem poucas experiências quanto às estratégias e Planos de Gestão de Água de Lastro de Portos, o que pode ser relacionado à falta de orientação governamental para o setor portuário e a falta de reconhecimento dos graves problemas associados à água de lastro, o que leva, na prática à falta de um correto gerenciamento de resíduos nas áreas portuárias – recepção, coleta, destinação e tratamento, o que torna os resíduos sólidos e líquidos de embarcações um dos grandes entraves enfrentados.

Dessa forma, o porto ou a instalação portuária que não atenderem à legislação vigente deverão ser responsabilizados, na medida em que suas omissões derem causa a prejuízos e danos ambientais.

1.4.2. Gerenciamento da Água de Lastro pelos Navios

De acordo com a NORMAN-20/DPC, os navios devem ter a bordo um Plano de Gerenciamento de Água de Lastro, com o propósito de fornecerem procedimentos seguros e eficazes para esse fim. Esse Plano, que é específico para cada navio, documenta todas as informações relativas às ações a serem empreendidas pelo navio em relação à água de lastro, como a não liberação, as trocas e os tratamentos a bordo, se ocorrerem.

Segue abaixo descriminado o Plano de Gerenciamento de Água de Lastro a bordo dos navios, segundo a NORMAN-20/DPC (BRASIL, 2005):

2.2 – PLANO DE GERENCIAMENTO DA ÁGUA DE LASTRO

2.2.1 – Implementação

Todo navio nacional ou estrangeiro que utiliza água como lastro deve possuir um Plano de Gerenciamento da Água de Lastro com o propósito de fornecer procedimentos seguros e eficazes para esse fim. Este Plano deve ser incluído na documentação operacional do navio, devendo, ainda, ser específico para cada navio e conter os seguintes itens:

a) procedimentos detalhados de segurança para o navio e tripulação associados ao gerenciamento da Água de Lastro;

b) descrição detalhada das ações a serem empreendidas para implementar o gerenciamento da Água de Lastro;

c) indicar os pontos onde a coleta de amostras da Água de Lastro, representativas do lastro que o navio traz, seja possível;

d) oficial a bordo responsável por assegurar que o Plano seja corretamente implementado;

e) ser escrito no idioma de trabalho do navio; se o idioma usado não for inglês, francês ou espanhol, uma tradução para um destes idiomas deverá ser incluída; e

f) Navios brasileiros que operam somente em águas jurisdicionais brasileiras devem dispor de um Plano de Gerenciamento de Água de Lastro redigido em português.

Caso esses navios passem a operar também na navegação de longo curso, o Plano deverá seguir o previsto na alínea anterior.

2.2.2 – Documentação

O Plano de Gerenciamento da Água de Lastro dos navios brasileiros e afretados em Autorização de Inscrição Temporária (AIT), deve ser aprovado por Sociedade Classificadora credenciada pela DPC, enquanto que os navios de outras bandeiras deverão ter seus planos aprovados pela Administração do País de Bandeira ou Sociedade Classificadora atuando como R. O. ("Recognized Organization") ou Sociedade Classificadora do navio.

2.3 – GERENCIAMENTO DA ÁGUA DE LASTRO

2.3.1 – Inspeção

Os navios que escalem em portos ou terminais brasileiros estão sujeitos à Inspeção Naval com a finalidade de determinar se o navio está em conformidade com esta Norma.

2.3.2 – Envio do Formulário de Água de Lastro

O Formulário sobre Água de Lastro (Anexo A/Anexo B), devidamente preenchido, deve ser enviado às Capitanias (CP), Delegacias (DL) ou Agências (AG) pelos comandantes dos navios ou seus agentes, com antecedência mínima de vinte e quatro horas do horário estimado para a chegada da embarcação. Além disso, o navio deverá ter a bordo, por um período de pelo menos dois anos, um exemplar desse formulário para atender à Inspeção Naval, conforme artigo 4.2 desta Norma.

No caso dos navios que forem entrar na bacia Amazônica, deverá ser enviada também, uma cópia do formulário para a Delegacia da Capitania dos Portos em Santana, independentemente do seu destino naquela região.

As CP/DL/AG, por sua vez, deverão reencaminhar os formulários, com periodicidade mensal, ao Instituto de Estudos do Mar Almirante Paulo Moreira (IEAPM).

2.3.3 – Diretrizes gerais para a troca de Água de Lastro de navios

Ao realizar a troca da Água de Lastro deve-se ter em mente os aspectos de segurança da tripulação e da embarcação e estar sob condições meteorológicas favoráveis. As seguintes medidas devem ser tomadas:

a) as embarcações deverão realizar a troca da Água de Lastro a pelo menos 200 milhas náuticas da terra mais próxima e em águas com pelo menos 200 metros de profundidade, considerando os procedimentos determinados nesta Norma. Será aceita a troca de Água de Lastro por quaisquer dos métodos: Seqüencial, Fluxo Contínuo e Diluição, conforme descritos no Anexo C;

b) nos casos em que o navio não puder realizar a troca da Água de Lastro em conformidade com a alínea a, a troca deverá ser realizada o mais distante possível da terra mais próxima e, em todos os casos, a pelo menos 50 milhas náuticas e em águas com pelo menos 200 metros de profundidade;

c) não deverá ser exigido de um navio que se desvie do seu plano de viagem ou retarde a viagem para cumprimento do disposto nos itens anteriores. Nesse caso o navio deverá justificar-se de acordo com o disposto no Capítulo 1 desta Norma;

d) não deverá ser exigido de um navio que esteja realizando troca da Água de Lastro que cumpra as alíneas a e b, se o Comandante decidir de forma razoável que tal troca ameaçaria a segurança ou estabilidade do navio, sua tripulação ou seus passageiros devido a condições meteorológicas adversas, esforços excessivos do navio, falha em equipamento ou qualquer outra condição extraordinária;

e) quando o navio utilizar o método do Fluxo Contínuo ou de Diluição para a troca da Água de Lastro, deverá bombear, no mínimo, três vezes o volume do tanque;

f) os navios ao realizarem a troca da Água de Lastro deverão fazê-lo com uma eficiência de pelo menos 95% de troca volumétrica da Água de Lastro;

g) somente os tanques/porões que tiverem sua água trocada poderão ser deslastrados;

h) navios que não fizerem deslastro deverão, da mesma forma, apresentar o Formulário sobre Água de Lastro (Anexo A/Anexo B);

i) o Agente da AM (Autoridade Marítima) deve, sempre que dispuser de informações fornecidas pelos órgãos ambientais, de saúde pública, ou ainda, de

ORIGEM E DEFINIÇÃO DA ÁGUA DE LASTRO

universidades e instituições de pesquisa, comunicar às agências marítimas a respeito de áreas sob a sua jurisdição, onde os navios não deverão captar Água de Lastro devido a condições conhecidas (por exemplo, área ou áreas conhecidas por conter eventos de florações, infestações ou populações de organismos aquáticos nocivos e agentes patogênicos). Quando possível, o Agente da AM informará a localização de qualquer área ou áreas populações de organismos aquáticos nocivos e agentes patogênicos). Quando possível, o Agente da AM informará a localização de qualquer área ou áreas alternativas para a captação ou descarga de Água de Lastro, bem como as áreas onde realizam-se dragagens. Tais informações, futuramente, estarão consolidadas em um Plano de Gerenciamento da Água de Lastro dos portos; e

j) **é proibida a descarga de Água de Lastro nas Áreas Ecologicamente Sensíveis e em Unidades de Conservação (UC) ou em outras áreas cautelares estabelecidas pelos órgãos ambientais ou sanitários, nas AJB (Águas Jurisdicionais Brasileiras), quando plotadas em carta náutica; e**

k) Quando não for possível, em função da derrota do navio, atender ao disposto nas alíneas a) e b), o navio não estará isento de realizar a troca da água de lastro, devendo executá-la no trecho de maior profundidade da derrota.

2.3.4 – Sedimentos

Os sedimentos da Água de Lastro só poderão ser descarregados no mar, nas mesmas condições estabelecidas para a troca da Água de Lastro, especificadas nas alíneas a e b do inciso 2.3.3, ou em instalações ou serviços de recepção desses sedimentos quando disponíveis nos portos e terminais. (g.n.)

O gerenciamento da água de lastro a bordo dos navios é uma questão muito importante, uma vez que são eles que captam a água do mar a fim de utilizá-la como lastro. A grande maioria dos navios não dispõe de sistema de tratamento de água de lastro, mas existem algumas alternativas para gerenciar a água de lastro a bordo deles.

A parte mais importante do gerenciamento da água de lastro é o seu tratamento, pois consiste na prática de tratar ou trocar a água admitida a bordo como lastro para que não ocorra a introdução de algum organismo exótico no meio ambiente marinho. Os procedimentos técnicos estão em evolução, assim ainda não há um método de troca ou tratamento cem por cento eficaz, pois a total esterilização da água não é economicamente viável, porém o gerenciamento adequado, segundo as normas internacionais pode evitar de forma satisfatória a bioinvasão.

Requisitos mínimos de segurança, praticidade e execução devem ser preenchidos quando for realizado qualquer tratamento ou troca de água utilizada como lastro pelos navios, não devendo estes procedimentos tomar tempo desnecessário das embarcações de modo a atrasar seus compromissos e, principalmente, deve ser ambientalmente eficaz. Dessa forma, destacam-se como os principais desafios do gerenciamento da água de lastro a bordo dos navios, o enorme volume de água transportada, o grande número de organismos vivos transportados e o curto tempo para se efetuar a troca.

A melhor forma de se prevenir quanto à introdução de espécies exóticas via água de lastro é ainda a troca oceânica, pois elas são consideradas um meio inóspito aos micro-organismos que vivem na região costeira e vice-versa, isso em virtude da diferença de salinidade existente na água de uma e de outra. Porém, segundo o relato de alguns comandantes de navios, a troca de água de lastro em águas profundas apresenta alguma desvantagem[12].

Nesse sentido, as trocas de água de lastro em alto-mar podem significar um risco à integridade do navio e à vida da tripulação, pois ao depender do tipo de embarcação, de carga, das condições do mar e do tempo, a estabilidade e a estrutura do navio podem ser afetadas durante a troca do lastro.

Embora o método de troca de água oceânica, até o presente momento, apresentar-se como a mais eficiente, outros processos de tratamento da água de lastro vêm sendo utilizados, embora ainda não estejam em condições de substituir o método da troca, são utilizados muitas vezes em conjunto. São elas: os processos físico, químico e eletroquímico, térmico, biológico, raios ultravioleta, controle da salinidade, acústico, magnético, desoxigenação, ausência de luz, choque elétrico, ausência de nutrientes, etc.

Os meios mais utilizados para a troca da água de lastro são: o método sequencial, de fluxo contínuo, de transbordamento de tanques e o de diluição.

Segundo Land (2003), o método sequencial é a técnica mais simples e eficaz de trocar a água de lastro do navio, uma vez que substitui toda a água, com eliminação de todo o lastro admitido na costa e substituído por águas oceânicas, alterando, assim, todo o conteúdo dos tanques. Contudo, conforme ressaltado, esse é o método que traz mais perigo às embarcações, pois pode apresentar um grande risco à estabilidade e a estrutura do navio em determinadas condições meteorológicas e oceânicas, no momento da troca da água. A fim de se minimizar os riscos, essa substituição deve ser realizada em partes ou sequencialmente, ou seja, um tanque por vez deve ser esvaziado e depois suprido com água novamente, conforme demonstrado na figigura 4.

---

[12] BRASIL, Relatório Executivo. Relatório sobre o Simpósio e o Workshop sobre sistemas de tratamento de água de lastro promovido pela IMO em março de 2001 na sua sede em Londres. Brasília: [s.n], 2001. p. 1.

Figura 4: Troca da Água de Lastro pelo método Sequencial

Fonte: (FERNANDES, 2012).

Já no método de fluxo contínuo, a água é substituída em alto-mar, entretanto sem esgotar totalmente os tanques. Nesse processo, a água é bombeada continuamente para o tanque ou porão do navio, deixando que ela extravase. Esse método é mais eficaz que o anterior no sentido de manter a estabilidade e segurança do navio, mas os tripulantes podem ficar em contato com a água que vai sendo retirada dos tanques e correm risco de contrair doenças, além do risco dos tanques serem submetidos a pressão excessiva, conforme demonstrado na figura 5.

Figura 5: Troca da Água de Lastro pelo método do Fluxo Contínuo

Fonte: (FERNANDES, 2012).

O método de transbordamento é semelhante ao de fluxo contínuo, pois a água "limpa" é bombeada para os tanques até que ele transborde. O método garante a estabilidade do navio, porém não é muito eficaz quanto a eliminação das espécies transportadas, pois nem toda água é trocada e os organismos que ficam no fundo do tanque não são inteiramente retirados, existindo também a possibilidade de contaminação da tripulação pela água que extravasa no convés e a alta pressão que são submetidos os tanques, conforme demonstrado na figura 6.

Figura 6: Troca da Água de Lastro pelo método de Transbordamento

Fonte: BRASIL, 2012.

Informa Land (2003) que a Petrobrás, na busca de eliminar as falhas dos métodos anteriores, tanto ambientais como de segurança, começou a desenvolver um novo processo e chegou ao chamado método de diluição da água de lastro (figura 7), e que foi proposto pelo Brasil e já é aceito internacionalmente pela IMO. Esse método consiste em encher os tanques e porões dos navios com água de lastro ao mesmo tempo em que, pelo fundo do tanque e com a mesma vazão, esta é descarregada, fazendo com que o nível da água permaneça constante. Dessa maneira, o navio mantém sua estabilidade, a pressão interna dos tanques não é elevada e não há exposição da tripulação à água, evitam-se assim possíveis surtos de doenças e epidemias. Uma grande vantagem deste método é que o lastro é trocado constantemente durante todo o trajeto do navio, o que significa que a água está sempre em circulação, não sendo necessário a troca oceânica, não há, desse modo, riscos de bioinvasão, pois a água é virtualmente a mesma nos tanques e no mar. Como este método foi desenvolvido por engenheiros da Petrobrás, para navios petroleiros, adaptações devem ser realizadas para outros tipos de embarcações do tipo graneleiro ou de cargas sólidas em geral, conforme demonstrado na figura 7.

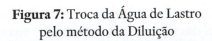

Figura 7: Troca da Água de Lastro
pelo método da Diluição

Fonte: BRASIL, 2012.

Explica Zanella (2010), que, atualmente, nenhum método de tratamento de água de lastro consegue, simultaneamente, manter a segurança das embarcações, dos tripulantes, não atrasar comercialmente os navio e ser 100% (cem por cento) eficaz contra as bioinvasões. Até o momento, o método de diluição nacional é o melhor modelo de tratamento disponível, contudo ainda não pode ser usado em todos os tipos de embarcações.

Os métodos apontados reafirmam a necessidade da existência de efetiva fiscalização do deslatre de água de lastro realizado pelos navios.

1.4.3. Competência Administrativa – Fiscalização e Sanções

Dispõe o artigo 23, "caput" e seus incisos VI e VII, da Constituição Federal de 1988 (BRASIL, 1988), que é de competência comum da União, Estados, Distrito Federal e Municípios a proteção do meio ambiente como um todo e o combate à poluição em qualquer de suas formas, além da preservação das florestas, fauna e flora.

Depreende-se desta forma, que, no Brasil, a gestão da água de lastro envolve um leque de órgãos e autoridades, cada qual com uma responsabilidade diferente, mas todos com um único objetivo que é prevenir qualquer espécie de poluição ambiental, evitando-se bioinvasões e ou danos e prejuízos de ordem econômica, ambiental, ecológica, social e sanitária.

O primeiro Órgão a ser analisado em relação à gestão da água de lastro no Brasil é o Ministério do Meio Ambiente (MMA), responsável pela preservação do meio ambiente, dos recursos hídricos, biodiversidade e pela criação de políticas públicas com a finalidade de melhorar a qualidade socioambiental e o uso racional e sustentável dos recursos naturais. Em sua estrutura organizacional, referido Ministério conta com Órgãos que são responsáveis, entre outros, pelo controle da poluição do meio ambiente marinho, e são eles o Instituto Brasileiro do Meio Ambiente e dos Recursos Naturais Renováveis (IBAMA), Instituto Chico Mendes **de Conservação da Biodiversidade** (ICMBio) e o Conselho Nacional do Meio Ambiente (CONAMA).

Outra autoridade nacional, de suma importância no processo de gestão envolvida na prevenção e controle da poluição marinha gerada por embarcações, é o Comando da Marinha do Brasil, como Autoridade Marítima. Na estrutura interna desse Comando existem alguns órgãos que estão diretamente ligados à questão da água de lastro e são eles: a Diretoria de Portos e Costas, a Capitania dos Portos e, pode-se citar ainda o Instituto de Estudos do Mar Almirante Paulo Moreira (IEAPM), que tem como objetivo "planejar e executar atividades de pesquisa e desenvolvimento científico e tecnológico nas áreas de Oceanografia [...] que permitam o melhor conhecimento e a eficaz utilização do meio ambiente marinho"[13].

O Ministério dos Transportes(MT) é outro órgão importante no controle e prevenção de bioinvasão por meio da água de lastro, no qual conta, em sua estrutura organizacional, com a ANTAQ, a qual desempenha um relevante papel no controle da marinha mercante, portos e vias navegáveis junto à Companhia das Docas.

Já o Ministério da Saúde, por meio da ANVISA, tem a função de fiscalizar todas as possíveis causa de doenças que afetem a saúde pública. É ela, juntamente com a Capitania dos Portos, os principais órgãos de fiscalização e controle de bioinvasão via água de lastro das embarcações, pois verificam as condições da água de lastro nos navios. Ressalta-se que ambos os órgãos citados têm competência conjunta para realizar referida fiscalização, a primeira com base na Resolução ANVISA – RDC nº 217, de 21 de novembro de 2001, e a segunda com fulcro na NORMAN-20/DPC, do Departamento de Portos e Costas.

Segundo dispõe o artigo 70, § 1º, da Lei nº 9.605/98 (BRASIL, 1998):

> "as autoridades competentes para lavrar auto de infração ambiental e instaurar processo administrativo são os funcionários de órgãos ambientais integrantes do Sistema Nacional do Meio Ambiente – Sisnama, designados para as atividades de fiscalização, bem como os agentes das Capitanias dos Portos, do Ministério da Marinha."

---

[13] IEAPM. Instituto de Estudos do Mar Almirante Paulo Moreira. Disponível em <*http://www.ieapm.mar.mil.br*>. Acesso em 23 mar. 2012.

ORIGEM E DEFINIÇÃO DA ÁGUA DE LASTRO

O presente artigo, dispõe que qualquer pessoa, ao tomar conhecimento de uma infração ambiental, poderá dirigir uma representação às autoridades relacionadas no § 1º, para efeito do exercício do seu poder de polícia.

A Lei nº 9.966/00 (BRASIL, 2000), que dispõe sobre a prevenção, o controle e a fiscalização da poluição causada por lançamento de óleo e outras substâncias nocivas ou perigosas em água sob jurisdição nacional, determina as atribuições da autoridade marítima que, conforme disposto no artigo 2º, inc. XXII, é a:

> autoridade exercida diretamente pelo Comandante da Marinha, responsável pela salvaguarda da vida humana e segurança da navegação no mar aberto e hidrovias interiores, bem como pela prevenção da poluição ambiental causada por navios, plataformas e suas instalações de apoio, (...).

A referida lei determina também as atribuições legais do IBAMA, que são, dentre outras, a fiscalização dos portos organizados, das instalações portuárias, das cargas movimentadas, das plataformas e suas instalações de apoio, com a autuação dos infratores na esfera de sua competência, bem como avaliação dos danos ambientais causados por incidentes nos locais acima mencionados, inclusive os ocorridos nos navios.

É no ato administrativo da fiscalização pelos entes estatais responsáveis que o efetivo controle das regras e normas nacionais quanto ao controle do gerenciamento da água de lastro nos navios se materializa. A fiscalização deve avaliar se o gerenciamento da água de lastro a bordo do navio foi feito de forma eficaz, evitando-se, dentro do possível, atrasar de forma desnecessária os compromissos comerciais das embarcações. O procedimento de fiscalização deve ser realizado seguindo as regras da NORMAN-20/DPC e, em caso de não cumprimento das exigências legais, deve-se aplicar as medidas e sanções legalmente previstas.

Deverá a autoridade competente verificar o Plano de Gerenciamento da Água de Lastro do navio, e certificar-se qual método fora utilizado pela embarcação para realizar a troca do lastro e se o formulário de preenchimento obrigatório está corretamente preenchido. Deverá ainda passar pelo crivo da fiscalização, o registro das operações anotadas no Livro Registro de Água de Lastro e a validade do Certificado Internacional de Gestão de Água de Lastro[14].

---

[14] BRASIL. MARINHA DO BRASIL. NORMAN-20/DPC – O Formulário sobre a Água de Lastro, devidamente preenchido, deve ser enviado às Capitanias (CP), Delegacias (DL) ou Agências (AG) pelos comandantes dos navios ou seus agentes, com antecedência mínima de vinte e quatro horas do horário estimado para a chegada da embarcação. Além disso, o navio deverá ter a bordo, por um período

O comandante do navio deverá preencher e assinar o formulário que conterá os seguintes dados: localização do lastro nos tanques a bordo; quantidade; salinidade ou densidade da água, temperatura da água; origem geográfica do lastro em cada tanque; porto pretendido para a descarga do lastro; procedimento de gerenciamento de lastro utilizado e local do carregamento do lastro original.

As figuras 8 e 9 ilustram um navio e o acesso ao seu tanque de água de lastro:

Figura 8: Fiscalização a bordo de navio

Fonte: Pelo autor.

Figura 9: Acesso ao tanque de água de lastro

Fonte: Pelo autor.

A NORMAN-20/DPC autoriza a autoridade marítima, quando esta julgar necessário, coletar amostras da água para verificar se os dados contidos nos formulários estão corretos. Este procedimento geralmente é realizado a bordo do navio quando da inspeção e o inspetor naval retira uma amostra da água e, por meio de um refratômetro[15], analisa a salinidade da água de lastro. É rea-

de pelo menos dois anos, um exemplar deste formulário para atender à Inspeção Naval, conforme artigo 4.2 desta Norma.
No caso dos navios que forem entrar na bacia Amazônica, deverá ser enviada, também, uma cópia do formulário para a Delegacia da Capitania dos Portos em Santana, independentemente do seu destino naquela região.
As CP/DL/AG, por sua vez, deverão reencaminhar os formulários, com periodicidade mensal, ao Instituto de estudos do Mar Almirante Paulo Moreira (IEAPM).
[15] O refratômetro é um instrumento óptico de alta precisão utilizado para medir o grau de salinidade da água.

ORIGEM E DEFINIÇÃO DA ÁGUA DE LASTRO

lizado para constatar se o lastro foi mesmo trocado a pelo menos 200 milhas náuticas.

A figura 10 que segue ilustra a análise da salinidade da água de lastro feita a bordo do navio, bem como o aparelho utilizado em sua medição, o refratômetro (figura 11):

Figura 10: Análise da salinidade da água de lastro realizada a bordo do navio pelos agentes da autoridade marítima

Fonte: Pelo autor.

Figura 11: Refratômetro, instrumento utilizado para medir a salinidade da água de lastro

Fonte: Pelo autor.

A figura 12 abaixo apresenta uma amostra de água de lastro colhida dos tanques do navio para análise de sua salinidade e o refretômetro:

Figura 12: Refratômetro e garrafa
contendo água de lastro
colhida do tanque do navio

Fonte: Pelo autor.

Caso a autoridade marítima confirme alguma irregularidade com relação ao deslastre, seja administrativamente ou em flagrante, será aberto o devido processo legal para maiores apurações, bem como será lavrado um auto de infração para que os fatos sejam devidamente apurados.

1.4.4. Responsabilidade Administrativa dos Operadores do Sistema de Gerenciamento da Água de Lastro

Atendendo ao princípio da legalidade, previsto no art. 5º, inc. II, da Constituição Federal (BRASIL, 1988), deve existir lei prévia na qual defina a conduta lesiva, com a finalidade de se caracterizar uma infração administrativa ao meio ambiente. Aplicam-se, ainda, no ordenamento jurídico, os princípios da ampla defesa e do contraditório, insculpidos no art. 5º, inc. LV, da Constituição pátria, direitos estes assegurados ao infrator, tanto na esfera administrativa como na judicial.

Conforme expõe Milaré (2010):

> [...] ao contrário das sanções civis e penais, só aplicáveis pelo poder judiciário, as penalidades administrativas são impostas aos infratores pelos próprios Órgãos

ORIGEM E DEFINIÇÃO DA ÁGUA DE LASTRO

da administração direta ou indireta da União, Distrito Federal, dos Estados e dos Municípios.

A Lei nº 9.605/98 (Brasil, 1998), traz o procedimento administrativo em seu Capítulo VI, disposto nos artigos 70 a 76, os quais dizem respeito também às infrações administrativas. Dentre outras definições, conceitua infração administrativa, indica as autoridades competentes para lavrar auto de infração ambiental, o trâmite do processo administrativo, as sanções, as multas e a destinação dos valores arrecadados. Essa lei é de caráter geral, não tratando da água de lastro especificamente, o que somente veio ocorrer por meio da NORMAN-20/DPC, editada em 2005, a qual será tratada mais adiante.

Conforme disposto no artigo 71 da referida lei:

> Art. 71. O processo administrativo para apuração de infração ambiental deve observar os seguintes prazos máximos:
> I – vinte dias para o infrator oferecer defesa ou impugnação contra o auto de infração, contados da data da ciência da autuação;
> II – trinta dias para a autoridade competente julgar o auto de infração, contados da data da sua lavratura, apresentada ou não a defesa ou impugnação;
> III – vinte dias para o infrator recorrer da decisão condenatória à instância superior do Sistema Nacional do Meio Ambiente – SISNAMA, ou à Diretoria de Portos e Costas, do Ministério da Marinha, de acordo com o tipo de autuação;
> IV – cinco dias para o pagamento de multa, contados da data do recebimento da notificação.

As sanções previstas no artigo 72 são: multa simples; multa diária; apreensão de animais, produtos e subprodutos da fauna e flora, instrumentos, petrechos, equipamentos ou veículos de qualquer natureza utilizados na infração, destruição ou inutilização do produto; suspensão de venda e fabricação do produto; embargo de obra ou atividade; demolição de obra, suspensão parcial ou total de atividades e restritiva de direitos.

Conforme disposto no parágrafo 1º, do referido artigo, caso o infrator cometa duas ou mais infrações simultâneas, as sanções poderão ser aplicadas cumulativamente.

Já o parágrafo 3º, do mesmo artigo, afirma que será aplicada multa simples sempre que o agente, por negligência ou dolo, advertido por irregularidades que tenham sido praticadas, deixar de saná-las, no prazo assinalado por órgão competente do Sistema Nacional do Meio Ambiente (Sisnama) ou pela Capitania dos Portos, do Ministério da Marinha, ou opuser embaraço à fiscalização dos órgãos do Sisnama ou da Capitania dos Portos. O parágrafo 4º dispõe que a multa simples poderá ser convertida em serviços de preservação, melhoria e recuperação da qualidade do meio ambiente.

Depreende-se dos dispositivos acima mencionados, conforme preleciona Freitas (2000) que:

> [...] a pena de multa tem caráter subjetivo, isto é, depende de o infrator, ao praticar o ilícito ou ao dar-lhe causa, ter agido com culpa (imprudência, negligência ou imperícia). Esta é uma exceção à regra geral da responsabilidade administrativa objetiva.

> Para a imposição de tais penas dispostas no art. 72, a autoridade competente observará o seguinte: a gravidade do fato, tendo em vista os motivos da infração e suas consequências para a saúde pública e para o meio ambiente; os antecedentes do infrator quanto ao cumprimento da legislação de interesse ambiental e a situação econômica do infrator, no caso de multa.

Dispõe o artigo 73 com relação à destinação dos valores arrecadados em pagamento de multas por infração ambiental que:

> Os valores arrecadados em pagamento de multas por infração ambiental serão revertidos ao Fundo Nacional do Meio Ambiente, criado pela **Lei nº 7.797, de 10 de julho de 1989**, Fundo Naval, criado pelo Decreto nº 20.923, de 8 de janeiro de 1932, fundos estaduais ou municipais de meio ambiente, ou correlatos, conforme dispuser o órgão arrecadador.

O artigo 75, no que diz respeito ao valor das multas, determina que será fixado no regulamento dessa lei e corrigido periodicamente, com base nos índices estabelecidos na legislação pertinente, sendo o mínimo de R$ 50,00 (cinquenta reais) e o máximo de R$ 50.000.000,00 (cinquenta milhões de reais). Esse valor se repete no art. 9º do Decreto 6.514/08 (BRASIL, 2009), mas deve-se observar que pode até ser triplicado no caso de reincidência, conforme disposto no artigo 11, inciso I, também do Decreto.

A Lei nº 9.966/00 (BRASIL, 2000), que estabelece os princípios básicos a serem obedecidos na movimentação de óleo e outras substâncias nocivas ou perigosas em portos organizados, instalações portuárias, plataformas e navios em águas sob jurisdição nacional, em seu artigo 25 dispõe sobre as infrações e sanções e, em seu parágrafo 1º, estabelece quem responde pelas infrações previstas no referido artigo, na medida de sua ação ou omissão e, por via transversa, por ter um espectro mais amplo, quem são os responsáveis pelo gerenciamento da água de lastro e são eles:

> Art. 25 (...)
> § 1º Respondem pelas infrações previstas neste artigo, na medida de sua ação ou omissão:
> I – o proprietário do navio, pessoa física ou jurídica, ou quem legalmente o represente;

ORIGEM E DEFINIÇÃO DA ÁGUA DE LASTRO

II – o armador ou operador do navio, caso este não esteja sendo armado ou operado pelo proprietário;

III – o concessionário ou a empresa autorizada a exercer atividades pertinentes à indústria do petróleo;

IV – o comandante ou tripulante do navio;

V – a pessoa física ou jurídica, de direito público ou privado, que legalmente represente o porto organizado, a instalação portuária, a plataforma e suas instalações de apoio, o estaleiro, a marina, o clube náutico ou instalação similar;

VI – o proprietário da carga.

Nas situações em que a conduta do infrator puder ser enquadrada nos dois diplomas legais (Lei nº 9.605/98 e Lei nº 9.966/00), deverá a autoridade administrativa optar pela Lei nº 9.966/00 a qual, por ser especial, prevalece sobre a Lei nº 9.605/98, que é geral.

Finalmente, impõe-se registrar que a NORMAN-20/DPC, editada em 2005, estabelece procedimentos e prazos para apuração de infrações ambientais voltadas especificamente para a água de lastro, na qual destaca-se abaixo os dispositivos de maior importância:

4.8.2 – Prazos para apuração da Infração Ambiental (Artigo 71 da Lei 9.605/98)

a) Auto de infração:

I – Constatada a ocorrência de infração administrativa ambiental, será lavrado auto de infração, do qual deverá ser dado ciência ao autuado, assegurando-se o contraditório e a ampla defesa;

II – O autuado poderá, no prazo de vinte dias, contados da data da ciência da autuação, oferecer defesa contra o auto de infração;

III – A defesa será formulada por escrito e deverá conter os fatos e fundamentos jurídicos que contrariem o disposto no auto de infração e termos que o acompanham, bem como a especificação das provas que o autuado pretende produzir a seu favor, devidamente justificadas;

IV – O autuado poderá ser representado por advogado ou procurador legalmente constituído, devendo, para tanto, anexar à defesa o respectivo instrumento de procuração, podendo requerer o prazo de até dez dias para a sua juntada;

O Auto de Infração deverá ser assinado pelo infrator, preposto ou representante legal e por testemunhas. Caso o Infrator se recuse a assinar, o fato será tomado a termo pela Autoridade Competente, na presença de duas testemunhas, caso não saiba assinar, o Auto será tomado a rogo. Nos casos de evasão ou ausência do responsável pela infração administrativa, inexistindo preposto identificado, o agente autuante aplicará o disposto no parágrafo anterior, encaminhando o auto de infração por via postal com aviso de recebimento ou outro meio válido que assegure a sua ciência.

b) Pedido de Recurso em última instância administrativa:

I – caso não tenha sido julgada procedente a defesa ou o infrator não concorde com a pena imposta, poderá ainda recorrer da decisão, por meio de recurso em última instância administrativa, junto à Autoridade que a proferiu, dirigido ao Diretor de Portos e Costas (DPC), no prazo de vinte dias contados da data da notificação da decisão do Agente da AM. O DPC disporá de trinta dias para proferir sua decisão, devidamente fundamentada, a partir da data de recebimento do recurso;

II – recurso de qualquer natureza será dirigido à autoridade que proferiu a decisão, a qual, se não a reconsiderar, no prazo de cinco dias, o encaminhará à autoridade superior (Art. 56 da Lei nº 9.784/99).

III – (...)

IV – em caso de recurso interposto contra a decisão em procedimento administrativo, relativos a outros dispositivos legais que não a Lei nº 9.605/1998, deverão ser observadas as instâncias recursais e os prazos dispostos nos respectivos dispositivos.

Quando houver a comprovação de algum ato ilegal, o infrator será obrigado a pagar uma multa. Esta pena será aplicada sempre que alguma irregularidade tiver sido praticada ou quando o infrator opuser embaraço à fiscalização dos agentes da Autoridade Marítima. O valor da multa varia de R$ 5.000,00 (cinco mil reais), e o máximo de R$ 50.000.000,00 (cinquenta milhões de reais), conforme o objeto jurídico lesado e o grau de poluição e risco ao meio ambiente e à saúde humana, nos seguintes termos:

4.9 – APLICAÇÃO DE PENALIDADES

a) As infrações administrativas são punidas com a sanção de multa simples;

b) Se o infrator cometer, simultaneamente, duas ou mais infrações, ser-lhe-ão aplicadas, cumulativamente, as sanções a elas cominadas;

c) A multa simples será aplicada ao infrator:

I – por irregularidades que tenham sido praticadas; e

II – quando opuser embaraço à fiscalização dos Agentes da AM.

d) A multa terá por base o objeto jurídico lesado; NORMAM-20/DPC – 4-6 – MOD-4;

e) O valor da multa é o valor estipulado pelo Decreto nº 6.514/2008, sendo o mínimo de R$ 5.000,00 (cinco mil reais), e o máximo de R$ 50.000.000,00 (cinqüenta milhões de reais);

f) O agente da AM, ao lavrar o auto de infração, indicará a multa aplicável à conduta, bem como, se for o caso, as demais sanções estabelecidas nesta Norma, observando:

I – a gravidade dos fatos, tendo em vista os motivos da infração e suas conseqüências para a saúde pública e para o meio ambiente;

II – os antecedentes do infrator, quanto ao cumprimento da legislação de interesse ambiental; e

III – a situação econômica do infrator.

g) A autoridade competente ao analisar o recurso poderá, de ofício ou mediante provocação, independentemente do recolhimento da multa aplicada, manter ou minorar o seu valor, respeitados os limites estabelecidos nos itens infringidos, observando

ORIGEM E DEFINIÇÃO DA ÁGUA DE LASTRO

as disposições anteriores, ou, ainda, anular o auto, se houver ilegalidade ou revogá-lo, segundo critérios de conveniência e oportunidade;

h) A autoridade competente, ao analisar o processo administrativo de Auto de Infração, observará, no que couber, o disposto nos arts. 14 e 15 da Lei nº 9.605, de 12 de fevereiro de 1998; e

i) O cometimento de nova infração ambiental pelo mesmo infrator, no período de cinco anos, contados da lavratura do auto de infração anterior, implica:

I – aplicação da multa em triplo, no caso de cometimento da mesma infração; ou

II – aplicação da multa em dobro, no caso de cometimento de infração distinta.

Destaca Menucci (2003):

A importância desta multa pecuniária reside na sua função última de compelir os responsáveis pela água de lastro dos navios para que sigam corretamente as diretrizes e normas previstas pela lei, inibindo a prática de deslastre incorreta. Não obstante, a fiscalização destas normas e regras não é suficiente para prevenir a bioinvasão via água de lastro, pois, apesar das embarcações alegarem em seus formulários que a água utilizada como lastro foi devidamente trocada, frequentemente, quando há uma efetiva análise da água, é constatado o contrário.

A bioinvasão por meio da água de lastro é um problema muito sério para ser fiscalizado apenas por meio de formulários e certificados, embora o procedimento seja necessário para se ter a noção exata de quanto lastro está sendo descarregado em território nacional. Assim, necessário se faz um constante aprimoramento dos procedimentos adotados no gerenciamento da água de lastro, bem como uma eficaz fiscalização, aplicando-se efetivamente as penalidades previstas na legislação, caso venha ser detectado irregularidades no deslastre da água de lastro dos navios.

1.4.5. Do Tribunal Marítimo

O Tribunal Marítimo, com sede no Rio de Janeiro e jurisdição em todo o território nacional, é um Órgão Administrativo, vinculado ao Ministério da Marinha e auxiliar do Poder Judiciário.

Apesar do fato de não existir um liame direto entre as decisões do Tribunal Marítimo[16] e casos judiciais relacionados à poluição marítima, é oportuno apresentar suas características, tendo em vista que algumas de suas atribuições ou decisões podem causar reflexos no meio ambiente marinho ou em ações envolvendo os mesmos fatos.

---

[16] Site oficial e dados disponíveis em: <*www.tm.mar.mil.br*>. Acesso em: 24 mar. 2012.

Como ressalta Gibertoni (2005):

> O Tribunal Marítimo nasceu de uma idéia incorporada ao Decreto 20.829, que reorganizou a Marinha Mercante. No dia 05.07.1934, o Decreto 24.585 criou o Tribunal Marítimo Administrativo, que recebeu sua atual denominação em 1954, com a Lei 2.180, de 05.02.1954, que dispõe sobre o Tribunal Marítimo. É composto por sete juízes, sendo um Presidente (Oficial-General do Corpo de Armada da ativa ou inatividade), dois Juízes militares (Oficiais de Marinha, na inatividade) e quatro Juízes Civis.

Os principais objetivos do Tribunal[17] são:

> Contribuir para a segurança da navegação; (...) estabelecer as circunstâncias relevantes de cada acidente, perscrutar os fatores que lhes deram origem; publicar suas causas e fazer recomendações apropriadas à Autoridade Marítima, com vistas a alterações preventivas às Normas que tratam da segurança da navegação, à preservação da vida humana e proteção do meio ambiente marinho.

A atribuição do Tribunal Marítimo é a de julgar os acidentes e fatos da navegação, tanto marítima quanto fluvial e lacustre, além de manter o registro da propriedade marítima.

Gibertoni (2005) advoga que:

> O Tribunal Marítimo exerce a função judicante nas matérias de sua competência, sem qualquer vinculação, uma vez que são decisões administrativas, podendo ser reformadas pela justiça comum Federal, Estadual ou Especial.

A fim de ilustrar o presente estudo, pode-se citar o caso do navio Vicuña, em trâmite perante aquele Tribunal, em virtude do vazamento de 291 mil litros de óleo no Porto de Paranaguá (PR), em decorrência de uma explosão, em 15 de novembro de 2004. A existência do processo administrativo, que independe do judicial pelos danos ambientais, resulta de ter sido um acidente marítimo, sendo uma das atribuições da Corte Marítima a investigação dos motivos da explosão e julgamento administrativo do caso[18]. Assim, a decisão que vier a ser proferida pode ter repercussão nas ações existentes na área cível e, eventualmente, até na esfera penal, muito embora não haja nada que as vincule.

---

[17] Informação disponível em: <www.tm.mar.mil.br/tm/entrar.htm>. Acesso em: 24 mar. 2012.

[18] Informação disponível em: <*www.canais.rpc.com.br/gazetadopovo/controle/imprimir.php?site=gazetado povo&editoria=parana&id=592163*>. Acesso em: 17 jul. 2006.

ORIGEM E DEFINIÇÃO DA ÁGUA DE LASTRO

1.5. Os Fundeadouros da Fazendinha e de Macapá, no Município de Macapá--Ap e a Água de Lastro

Os Fundeadouros da Fazendinha e de Macapá, no Município de Macapá-AP, representam um estratégico ponto de entrada e de saída dos navios que realizam o comércio marítimo internacional, vez que, em território nacional, quando adentram na região Amazônica, pela foz do rio Amazonas, é o primeiro local em que a sua parada é obrigatória para a realização do controle de imigração, como também da fiscalização pela Capitania dos Portos e ANVISA do efetivo controle da água de lastro existente nos tanques dos navios.

No mapa mais a frente (figura 13), pode-se visualizar a delimitação espacial geográfica dos Fundeadouros da Fazendinha e de Macapá, localizados entre a cidade de Macapá e o município de Santana-AP.

Ressalta-se que tais Fundeadouros estão sob a jurisdição da Marinha do Brasil, cujo órgão responsável é a Capitania dos Portos da Amazônia Oriental que especificou nas Normas e Procedimentos dessa Capitania dos Portos – NPCP 2006, aprovadas pela Portaria nº 64, de 07/11/2006, da própria Capitania dos Portos da Amazônia Oriental a delimitação de suas áreas por meio de coordenadas geográficas.

Dessa forma, os navios que ficam na área de fundeio do Fundeadouro de Macapá, permanecem ali efetuando reparos, de quarentena por questões de ordem sanitária, se assim exigir a ANVISA ou, ainda, aguardando programação para se dirigirem ao Fundeadouro da Fazendinha. Lá ocorrerá a efetiva fiscalização da água de lastro. As coordenadas geográficas que definem o polígono geográfico do Fundeadouro de Macapá são as seguintes:

a) Latitude 00º03'.5"S, Longitude 051º06'.9"W; b) Latitude 00º02'00"S, Longitude 050º59'.5"W; c) Latitude 00º00'00"S, Longitude 050º59'.5"W; d) Latitude 00º00'00"S, Longitude 051º01'.2"W.

Já os navios que ficam na área de fundeio do Fundeadouro da Fazendinha ficam ali aguardando a visita de práticos, maré para passagem em Mazagão, maré para atracação no Porto de Santana e visita dos órgãos federais competentes para a fiscalização de imigração (Polícia Federal), vigilância sanitária (Agência de Vigilância Sanitária – ANVISA), água de lastro e outros (Capitania dos Portos). As coordenadas geográficas que definem o polígono geográfico do Fundeadouro da Fazendinha são as seguintes:

a) Latitude 00º03'.5"S, Longitude 051º06'.9"W; b) Latitude 00º03'.5"S, Longitude 051º05'.8"W; c) Latitude 00º03'.7"S, Longitude 051º05'.8"W e d) Latitude 00º04'.3"S, Longitude 051º06'.9"W.

Por fim, os navios e balsas transportando ou transferindo inflamáveis fundearão em área própria, constituída por um raio de ½ (meia) milha náutica, aproximadamente 926 metros, em torno do ponto delimitado pelas seguintes coordenadas geográficas: Latitude 00º05'.5"S e Longitude 051º06'.7"W.

Na figura 13 a seguir, pode-se visualizar os Fundeadouros da Fazendinha e de Macapá, bem como a área destinada aos navios que transportam ou transferem inflamáveis, com a correspondente plotagem de suas coordenadas geográficas, as quais delimitam geograficamente os espaços por eles ocupados.

Figura 13: Mapa indicando a localização geográfica dos Fundeadouros da Fazendinha e de Macapá, no município de Macapá-AP

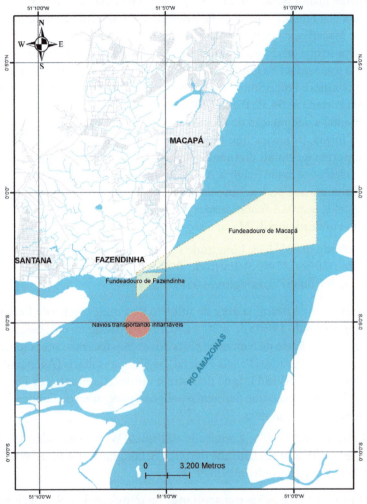

Fonte: Base de dados do Departamento de Geoprocessamento da Secretaria de Meio Ambiente do Estado do Amapá – SEMA.

ORIGEM E DEFINIÇÃO DA ÁGUA DE LASTRO

Nas figuras 14, 15 e 16, que ora seguem, a título de ilustração, pode-se visualizar o Fundeadouro da Fazendinha com navios fundeados aguardando a fiscalização da Polícia Federal, quanto à imigração de suas tripulações e passageiros, bem como da ANVISA e Capitania dos Portos, quanto à água de lastro e outros.

Figuras 14 e 15: Fotografias mostrando vista aérea de navios fundeados no Fundeadouro da Fazendinha

Fonte: Goole Maps, 2011.

Fonte: Goole Maps, 2011.

Figura 16: Fotografia mostrando vista aérea de navios fundeados
nos Fundeadouros da Fazendinha e de Macapá,
desde a orla da cidade de Macapá-AP até a Fazendinha

Fonte: Google Maps, 2011.

A importância da fiscalização da água de lastro dos navios que aportam nos Fundeadouros da Fazendinha e de Macapá resta caracterizada pela possibilidade de danos ambientais à fauna e flora aquáticas e à saúde da população de Macapá e municípios vizinhos, causados pelo deslastre irregular da água de lastro.

Nos Fundeadouros da Fazendinha e de Macapá, segundo dados fornecidos pela Capitania dos Portos do Amapá, de janeiro a junho de 2011, cerca de 175 navios estiveram ali fundeados, com o dever de realizar o gerenciamento da água de lastro contidas em seus tanques. O número de embarcações que nestes fundeadouros aportam é bem superior, mas não entram nesta estatística, isso porque embarcações que fazem navegação de cabotagem na mesma bacia hidrográfica estão dispensados do referido gerenciamento.

Considerando-se que cada navio faz duas trocas de água de lastro conforme as normas nacionais e internacionais estabelecidas para a região, isso representa um volume de 350.000 m3 de água de lastro despejadas na costa do Amapá e em frente à cidade de Macapá.

Com a globalização, a navegação mercante na foz do Rio Amazonas tornou--se intensa e, com isso, os órgãos públicos competentes e os ambientalistas ficaram preocupados com a chamada água de lastro e as espécies exóticas trazidas

ORIGEM E DEFINIÇÃO DA ÁGUA DE LASTRO

nos tanques de água de lastro captados nos portos de origem dos navios que navegam com seus porões vazios.

Dessa forma, o Estado do Amapá, por ser porta de entrada e saída de grande parte dos navios que adentram a região Norte do Brasil, deixa as autoridades brasileiras em alerta máximo, com relação à água de lastro derramada na foz do rio Amazonas. Essa situação exige um monitoramento e fiscalização eficazes 24 horas por dia, durante os 365 dias do ano pela Capitania dos Portos, Polícia Federal e ANVISA, no cumprimento de suas funções institucionais.

Em entrevista realizada em 16/11/2011, com o 1º tenente encarregado da Segurança de Tráfego Aquaviário (SPA) da Capitania dos Portos do Amapá, afirmou-se que, pela fragilidade do ecossistema amazônico, a NORMAN-20/DPC exige que se façam duas trocas de águas de lastro antes de adentrar a Amazônia, uma primeira, a 200 milhas náuticas da costa, sendo estes os dados que são reportados no formulário que é enviado à autoridade marítima sobre o gerenciamento da água de lastro e, uma segunda troca, é feita, obrigatoriamente, no Fundeadouro de Macapá, quando se adentra a amazônia pela foz do Rio Amazonas, na qual se despeja a água oceânica e capta-se a água doce do referido Rio.

O item 3.4 e seguintes da NORMAN-20/DPC traz estas importantes regras, quais sejam:

3.4 – DUAS TROCAS DE ÁGUA DE LASTRO (BACIA AMAZÔNICA)

Todos os navios que forem entrar na bacia Amazônica deverão trocar o lastro conforme os procedimentos abaixo descritos. Por essa razão, todos os navios que entrarem nesta bacia, deverão preencher os itens 4.1 e 4.2 do Formulário (Anexo A/Anexo B) e, no caso de deslastro, também o item 4.3.

3.4.1 – Rio Amazonas

Navios que forem entrar no Rio Amazonas, oriundos da navegação internacional ou de bacia fluvial distinta, deverão efetuar duas trocas de Água de Lastro. A primeira para evitar a transferência de organismos exóticos e/ou patogênicos, devendo ser realizada conforme descrito nas diretrizes gerais (inciso 2.3.3) no caso de navegação internacional, e no caso da cabotagem a troca poderá ser de pelo menos uma vez o volume do tanque, mesmo quando o navio utilizar o método do fluxo contínuo ou de diluição brasileiro. A segunda troca, para diminuir a salinidade da Água de Lastro, deve ser realizada no trecho entre a isobática de vinte metros e Macapá. Nos casos de navios com volume de lastro menor ou igual a 5000m³, o limite será a foz do Rio Jari. Nesta segunda troca será necessário bombear apenas uma vez o volume do tanque, tanto para a navegação internacional quanto para a de cabotagem.

3.4.2 – Rio Pará

O procedimento para o Rio Pará deve ser idêntico ao do Rio Amazonas: os navios realizam as duas trocas, a primeira troca conforme descrito no inciso 2.3.3 no caso de navegação internacional, e no caso da cabotagem a troca poderá ser de pelo menos uma vez o volume do tanque. A segunda troca deve ocorrer a pelo menos sessenta milhas náuticas de Salinópolis até o farol da Ponta do Chapéu Virado (Ilha do Mosqueiro), bombeando apenas uma vez o volume do tanque.

3.4.3 – Formulário referente à segunda troca

A segunda troca deverá ser documentada em um segundo formulário, que deverá ser encaminhado às Capitanias (CP), Delegacias (DL) ou Agências (AG) quando da chegada do navio ao porto/terminal da bacia Amazônica. Além disso, o navio deverá manter uma cópia a bordo, por um período de pelo menos dois anos, disponível à Inspeção Naval.

Nesse ponto, em específico, apurou-se um importante erro procedimental que acredita-se será corrigido por meio da adoção de novos procedimentos que serão sugeridos quando das propostas de mudanças legislativas a serem realizadas pelo presente trabalho. O problema ocorre, exatamente, no momento da fiscalização e análise da água de lastro realizada a bordo do navio, pois os testes realizados nos tanques de água de lastro dos navios que aportam nos fundeadouros do Estado do Amapá, são realizados apenas depois da segunda troca de água de lastro, já no Fundeadouro da Fazendinha, quando a água salgada já foi liberada dos tanques de água de lastro e absorvida a água doce do rio, sendo que a análise de salinidade da água se dá apenas para verificar que nos tanques há água doce, assim podendo continuar a viagem pelo Rio Amazonas adentro. Tal verificação torna impossível apurar se a primeira troca se deu realmente a pelo menos 200 milhas náuticas da costa ou se foi feita, irregularmente, uma única troca no Fundeadouro de Macapá, e assim depositando-se a água captada em um porto cuja realidade hidrográfica é diferente da realidade lá existente, ou seja, realizando o deslastre e, ato contínuo, captando a água doce do rio, podendo, por conseguinte, proporcionar um desastre ecológico em virtude do deslastre irregular da água de lastro.

Diante de tais fatos, foi questionado ao entrevistado quantos autos de infração tinham sido aplicados em 2010 e 2011 às embarcações nas quais foram detectadas irregularidades no gerenciamento da água de lastro e a resposta foi que nenhum auto de infração tinha sido infligido, pois, da maneira que era realizada a fiscalização, nenhuma irregularidade tinha sido encontrada.

Dessa forma, um questionamento vem à tona: será que o sistema de gerenciamento de água de lastro dos navios está realmente funcionando corretamente e todos os envolvidos no processo estão cumprindo seus papéis? Ou será que este processo contínuo de evolução e aprimoramento das regras que conduzem o gerenciamento de água de lastro encontrou uma falha e precisa ser devidamente ajustado para que possa uma fiscalização realizada ser realmente eficaz e atingir seu fim maior que é proteger o meio ambiente aquático, em especial o Amazônico? É o que se pretende responder adiante.

2. O Direito Humano e Fundamental ao Meio Ambiente Sadio e Ecologicamente Equilibrado

O futuro e a própria existência da humanidade são indissociáveis de seu meio natural e, por isso, o meio ambiente sadio e ecologicamente equilibrado é considerado um patrimônio comum dos seres humanos, um direito humano e fundamental.

A degradação ambiental coloca em risco a perpetuação da espécie humana, a vida e a saúde das pessoas, fato esse que por si só justifica a preocupação de toda humanidade.

Carvalho (2009) relaciona o meio ambiente com o direito à vida e à saúde, afirmando que o gozo dos direitos humanos reconhecidos internacionalmente depende umbilicalmente do ambiente, e destaca que:

> O homem não pode sobreviver mais do que quatro minutos sem respirar, mais de uma semana sem beber água e mais de um mês sem se alimentar; sendo a terra o único local conhecido do universo que o ser humano pode respirar, tomar água e alimentar-se.

Diferente não é o posicionamento de Trindade (1993) que demonstra a ligação existente entre os direitos humanos e o meio ambiente, e estabelece que:

> Embora tenham os domínios da proteção do ser humano e da proteção ambiental sido tratados até o presente separadamente, é necessário buscar maior aproximação entre eles, porquanto correspondem aos principais desafios do nosso tempo, a afetarem em última análise os rumos e destinos do gênero humano.

A Comissão de Direitos Humanos da ONU, em 1990, adotou a resolução 45, intitulada Direitos Humanos e Meio Ambiente, a que reconhece a relação existente entre o meio ambiente e os direitos humanos.

A Declaração e Programa de Ação de Viena de 1993 – Conferência Mundial sobre Direitos Humanos (DECLARAÇÃO E PROGRAMA DE AÇÃO DE VIENA (1993) – CONFERÊNCIA MUNDIAL SOBRE DIREITOS HUMANOS), faz referência expressa no sentido de que:

> Todos os direitos humanos são universais, indivisíveis, interdependentes e inter-relacionados. A comunidade internacional deve tratar os direitos humanos de forma global, justa e equitativa, em pé de igualdade e com a mesma ênfase (...).

Os direitos humanos tradicionalmente são divididos em três gerações ou dimensões.

Bobbio (1992) explica que os direitos humanos se afirmaram historicamente em quatro gerações: para a primeira geração, os direitos individuais, pressupõem a igualdade formal perante a lei e consideram o sujeito abstratamente; para a segunda geração, que são os direitos sociais, nos quais o sujeito de direito é visto no contexto social; para a terceira geração, que são os direitos dos povos ou os direitos de solidariedade, os direitos transindividuais, também chamados direitos coletivos e difusos; para a quarta geração, os direitos de manipulação genética, estão relacionados à biotecnologia e bioengenharia.

Complementa Bonavides (2008) que os direitos da primeira geração são os direitos da liberdade, os direitos civis e políticos, que têm por titular um indivíduo, são de resistência ou de oposição perante o Estado, traduzem-se como faculdade ou atributos da pessoa. Os direitos de segunda geração são os direitos de igualdade, os direitos sociais, culturais e econômicos, os direitos coletivos ou de coletividade. Já os direitos de terceira geração seriam os direitos de fraternidade, e têm por destinatários o gênero humano, apontando como o direito ao desenvolvimento, ao meio ambiente, à comunicação e ao patrimônio comum da humanidade. Afirma, ainda, para a existência de uma quarta geração de direitos humanos, presente no direito à democracia, à informação e o direito ao pluralismo.

Acrescenta, também, uma quinta geração de direitos humanos caracterizada pelo direito à paz.

Informa Ferreira Filho (2010) que o termo gerações indica os grandes momentos de conscientização em que se reconhecem famílias de direitos, com características comuns e peculiares; esclarecendo que a primeira, segunda e terceira geração dos direitos complementaria o lema da revolução francesa: liberdade, igualdade e fraternidade.

A divisão de direitos humanos em gerações ou dimensões é criticada por Trindade (1991), para quem essa noção faz-se, em muitos casos, supor que os direitos humanos se sucedem ou se substituem, enquanto, em verdade, eles se expandem, acumulam-se e se fortalecem, revelando sua natureza complementar.

O DIREITO HUMANO E FUNDAMENTAL AO MEIO AMBIENTE SADIO

A Resolução da 32ª Assembléia Geral da ONU (ORGANIZAÇÃO DAS NAÇÕES UNIDAS, 1977) reconheceu a indivisibilidade e unidade dos direitos humanos, em sua resolução 32/130, de 16 de dezembro de 1977, ao enunciar que todos os direitos humanos e liberdades fundamentais são indivisíveis e interdependentes, determinando que igual atenção e urgência deve ser dada à implementação, promoção e proteção dos direitos civis e políticos, bem como, dos direitos econômicos, sociais e culturais.

Os direitos humanos estão em constante processo de construção e reconstrução. Percebe-se que a todo o tempo são acrescidos novos direitos humanos, não há propriamente sucessão ou gerações ou dimensões. Existe um todo de direitos humanos, assegurados a qualquer cidadão em qualquer parte do planeta.

Os direitos humanos têm como características a indivisibilidade, interdependência, inter-relacionariedade, universalidade e inexauribilidade.

Os direitos humanos não podem ser divididos em partes estanques, são indivisíveis, formando um bloco todo a proteger e assegurar a dignidade do ser humano. São interdependentes e se inter-relacionam, não podendo um direito humano existir sem o outro. Não há o que se falar em direito à vida, sem um direito à saúde ou ao meio ambiente sadio e equilibrado. São universais porque destinados a toda e qualquer pessoa, independente de sexo, cor, nacionalidade ou religião, bastando a simples condição de ser humano. São, ainda, inexauríveis, pois nunca se esgotam, e a todo instante, acrescidos aos novos direitos já existentes.

Percebe-se que a teoria geracional mencionada somente pode ser utilizada como forma de apontar a evolução dos direitos humanos, mas não pode servir para excluir ou reduzir qualquer espécie de direito. Note-se que em 1968, em Teerã, e em 1993, em Viena, nas Conferências da Organização das Nações Unidas sobre direitos humanos, os Estados reconheceram a indivisibilidade dos direitos humanos, levando-nos a crer que temos uma integralidade ou um todo indivisível de direitos humanos.

O Supremo Tribunal Federal (BRASIL, 1995) reconheceu o direito ao meio ambiente sadio e equilibrado como sendo um típico direito de terceira dimensão ou geração[19], ao afirmar que:

> Trata-se, consoante já o proclamou o Supremo Tribunal Federal (RE 134.297-SP, Rel. Min. Celso de Mello), de um típico direito de terceira geração que assiste, de modo sujetivamente indeterminado, a todo o gênero humano, circunstância essa que justifica a especial obrigação – que incumbe ao Estado e à própria coletividade –

---

[19] No mesmo sentido –STF – MS 22164-0-SP, Relator Ministro Celso de Mello.

de defendê-lo e de preservá-lo em benefício das presentes e das futuras gerações, evitando-se, desse modo, que irrompam, no seio da comunhão social, os graves conflitos intergeneracionais marcados pelo desrespeito ao dever de solidariedade na proteção da integridade desse bem essencial de uso comum de todos quantos compõem o grupo social (Celso Lafer, "A reconstrução dos direitos humanos", p. 131--132, 1998, Companhia das Letras).(Recurso Extraordinário 134.297-8-SP, Rel. Min. Celso de Mello).

A proteção do meio ambiente está inter-relacionada à proteção do direito à vida e o direito à saúde que estão presentes no sistema global e regional de proteção dos direitos humanos.

Reconhecido como um direito humano básico, já que sem ele nenhum outro direito humano pode ser usufruído, o direito à vida e à saúde leva a afirmar que o direito a um meio ambiente equilibrado é condição para uma vida saudável e para o pleno gozo do direito à vida e à saúde. Não há vida sem um ambiente saudável onde as pessoas possam plenamente e com dignidade se desenvolverem.

Existe uma relação direta entre a garantia do direito à vida, o direito à saúde e o objeto da proteção do meio ambiente, tornando-se necessário observar a forma como os direitos humanos e o meio ambiente se inter-relacionam nos principais instrumentos internacionais no sistema global e regional.

Em 1945, no sistema global, a Carta das Organizações das Nações Unidas, advinda ao final da segunda guerra mundial, trouxe em seu preâmbulo a necessidade de buscar o progresso e melhores condições de vida para a humanidade, almejando a paz entre os povos e a preservação das gerações vindouras do flagelo da guerra.

Após, em 1948, encontra-se na Declaração Universal de Direitos Humanos a proteção do direito à vida (artigo III) e o direito ao padrão de vida capaz de assegurar a si e à sua família saúde e bem-estar (artigo XXV).

Posteriormente, em 1966, tem-se o Pacto Internacional de Direitos Civis e Políticos (PACTO INTERNACIONAL DE DIREITOS CIVIS E POLÍTICOS, 1966), que reconheceu a dignidade inerente a toda pessoa humana (preâmbulo) e o direito à vida (artigo 6°); bem como o Pacto Internacional de Direitos Econômicos, Sociais e Culturais ao dispor em seu o artigo 12:

> 1. Os Estados-partes no presente Pacto reconhecem o direito de toda pessoa de desfrutar o mais elevado nível de saúde física e mental. 2. As medidas que os Estados-partes no presente Pacto deverão adotar, com o fim de assegurar o pleno exercício desse direito, incluirão as medidas que se façam necessárias para assegurar: a) a diminuição da mortinatalidade e da mortalidade infantil, bem como o desenvolvimento são das crianças. b) a melhoria de todos os aspectos de higiene do trabalho e do meio ambiente(...)

O DIREITO HUMANO E FUNDAMENTAL AO MEIO AMBIENTE SADIO

A Carta da Organização das Nações Unidas de 1945, a Declaração Universal dos Direitos Humanos de 1948, o Pacto Internacional de Direitos Civis e Políticos e Pacto Internacional de Direitos Econômicos, Sociais e Culturais de 1966 (Pactos de Nova York) não continham a preocupação primária e direta com as questões ambientais. Não se falava, ainda, naquela época de aquecimento global ou perda da biodiversidade, mas já existia a preocupação com a vida e a saúde, levando-se a crer que indireta ou implicitamente havia a proteção com a manutenção da qualidade ambiental.

O sistema regional de proteção aos direitos humanos não é diferente.

No sistema regional interamericano, do qual o Brasil faz parte, verifica-se, na Carta da Organização dos Estados Americanos, de 1948, a obrigação dos Estados-partes dedicarem esforços à consecução das metas básicas (artigo 34) de aplicação de modernos conhecimentos da ciência médica; de alimentação adequada e, condições urbanas que proporcionem oportunidades de vida sadia, produtiva e digna.

Na Declaração Americana dos Direitos e Deveres do Homem, de 1948, encontra-se a proteção do direito à vida (artigo I) e direito à saúde (artigo XI).

A convenção Americana sobre Direitos Humanos, de 1969, também denominada Pacto de San José da Costa Rica, garante a proteção da vida desde a concepção (artigo 4º).

O Protocolo Adicional à Convenção Americana sobre Direitos Humanos em matéria de Direitos Econômicos, Sociais e Culturais, de 1988 (PROTOCOLO ADICIONAL À CONVENÇÃO AMERICANA SOBRE DIREITOS HUMANOS EM MATÉRIA DE DIREITOS ECONÔMICOS, SOCIAIS E CULTURAIS (1988) – PROTOCOLO DE SAN SALVADOR), também conhecido como Protocolo de San Salvador, prevê o direito à saúde (artigo 10º) e alimentação (artigo 12º), e, principalmente, demonstra claramente a relação existente entre os direitos humanos e o meio ambiente ao estabelecer em seu artigo 14:

> Direito a um Meio Ambiente Sadio.
> 1. Toda pessoa tem direito a viver em meio ambiente sadio e a contar com os serviços públicos básicos. 2. Os Estados-partes promoverão a proteção, preservação e melhoramento do meio ambiente.

No sistema regional europeu, a Carta dos Direitos Fundamentais da União Européia (CARTA DOS DIREITOS FUNDAMENTAIS DA UNIÃO EUROPÉIA de 2000), dispõe que "todas as políticas da União devem integrar um elevado nível de proteção do ambiente e a melhoria de sua qualidade, e assegurá-los de acordo com o princípio do desenvolvimento sustentável".

No sistema africano, pode-se citar a Carta Africana dos Direitos Humanos e dos Povos de 1991 (CARTA AFRICANA DOS DIREITOS HUMANOS E DOS POVOS – CARTA BANJUL – 1981), a qual, em diversos dispositivos, refere-se ao direito ao meio ambiente sadio, a exemplo do artigo 24, em que "todos os povos têm direito ao meio ambiente geral e satisfatório, propício ao seu desenvolvimento".

Não se pode deixar de mencionar a existência no sistema global e específico de proteção de direitos humanos, da Convenção das Nações Unidas sobre os Direitos da Criança, de 1990 (CONVENÇÃO DAS NAÇÕES UNIDAS SOBRE OS DIREITOS DA CRIANÇA, 1990), a qual estabelece, relacionando em seu artigo 24, os direitos das crianças à saúde e proteção ambiental, em que:

> Os Estados-partes reconhecem o direito da criança de gozar do melhor padrão possível de saúde e dos serviços destinados ao tratamento de doenças à recuperação da saúde. 1. Os Estados-partes envidarão esforços no sentido de assegurar que nenhuma criança se veja privada de seu direito de usufruir desses serviços sanitários. 2. Os Estados-partes garantirão a plena aplicação desse direito e, em especial, adotarão as medidas apropriadas com vistas a: (...) c) combater as doenças e a desnutrição, dentro do contexto dos cuidados básicos de saúde mediante, *inter alia*, a aplicação de tecnologia disponível e o fornecimento de alimentos nutritivos e de água potável, tendo em vista os perigos e riscos da poluição ambiental.

A Convenção para a Eliminação de todas as Formas de Discriminação contra a Mulher, de 1979 (CONVENÇÃO PARA ELIMINAÇÃO DE TODAS AS FORMAS DE DISCRIMINAÇÃO CONTRA A MULHER, 1979), faz menção expressa em seu Art. 14, item 2, 'h' do direito à toda mulher rural "gozar de condições de vida adequadas, particularmente nas esferas da habitação, dos serviços sanitários, da eletricidade e do abastecimento de água, do transporte e das comunicações".

A ligação do meio ambiente com o direito à vida, encontra-se presente nos tratados internacionais específicos de direito humanitário, a exemplo da Convenções de Genebra III, de 1949, (artigos 20, 26, 29 e 46) e da Convenção de Genebra IV de 1949 (artigos 85, 89 e 127).

A Resolução 54/175 da Assembléia Geral da Organização das Nações Unidas (ORGANIZAÇÃO DAS NAÇÕES UNIDAS, 1999) determina que "os direitos a alimentos e a água limpa são direitos humanos fundamentais e sua promoção constitui um imperativo moral tanto para os governos nacionais como para a comunidade internacional".

A Resolução 16 do Conselho da Europa de Direito do Ambiente sobre Direito à Água, adotada em 28 de abril de 2000, em seu preâmbulo, considera o acesso à água como parte de uma política de desenvolvimento sustentável e não pode ser regulado apenas pelas leis de mercado. Estabelece, ainda, que o direito à água não pode ser dissociado do direito à alimentação e à moradia, reconhece-o como direito humano, diretamente ligado ao direito à saúde. Determina em seu artigo 1º que cada pessoa tem o direito à água em quantidade e qualidade suficiente para sua vida e saúde.

O DIREITO HUMANO E FUNDAMENTAL AO MEIO AMBIENTE SADIO

O Protocolo sobre Água e Saúde, adicional à Convenção sobre o Uso de Cursos de Água Transfronteiriços e Lagos Internacionais da Comissão Européia, de 1999 (PROTOCOLO SOBRE ÁGUA E SAÚDE À CONVENÇÃO SOBRE O USO DE CURSOS DE ÁGUA TRANFRONTEIRIÇOS E LAGOS INTERNACIONAIS DA COMISSÃO EUROPÉIA, 1999), dispõe em seu art. 4 (1) que "as Partes, em particular, deverão tomar as medidas apropriadas para assegurar: a) suprimentos adequados de água potável saudável; b) adequado saneamento básico".

Percebe-se que o vínculo existente entre os direitos humanos e o meio ambiente é forte e evidente. Pode-se dizer que os direitos humanos são a alma e o direito ao meio ambiente o corpo, necessitam caminhar juntos para se ter vida.

Afirma Soares (2003) que as normas de proteção internacional do meio ambiente são um complemento aos direitos do homem, especialmente o direito à vida e à saúde, esse é o posicionamento de grande parte da doutrina ambientalista.

Os instrumentos internacionais de proteção dos direitos humanos são aptos e hábeis a proteger o meio ambiente, e podem gerar, inclusive, a responsabilização internacional do País violador de direitos humanos.

No plano específico de proteção ambiental, o Brasil é parte de inúmeros tratados internacionais de proteção ao meio ambiente, no sistema do Mercosul, bem como no sistema global e regional interamericano.

O direito fundamental ao meio ambiente foi reconhecido pela Declaração sobre o meio ambiente humano, adotada pela Conferência das Nações Unidas sobre o meio ambiente humano em Estocolmo, de 05 a 16 de junho de 1972, segundo o qual:

> O homem tem o direito fundamental à liberdade, igualdade e adequadas condições de vida, num ambiente cuja qualidade permita uma vida de dignidade e bem estar, e tem a solene responsabilidade de proteger e melhorar o meio ambiente, para as presentes e as futuras gerações. A tal respeito, as políticas de promover e perpetuar o *apartheid*, a segregação racial, a discriminação, a opressão colonial e suas outras formas, e a dominação estrangeira, ficam condenadas e devem ser eliminadas.

A Convenção Relativa à Proteção do Patrimônio Mundial, Cultural e Natural, também de 1972, obrigou os Estados-partes a identificar, proteger, conservar e legar às futuras gerações o patrimônio cultural e natural, bem como apresentar ao Comitê do Patrimônio Mundial, um rol dos bens situados em seu território que possam ser incluídos na lista de bens protegidos como Patrimônio Mundial. O Brasil promulgou esta Convenção por meio do Decreto Presidencial nº 80.978/77.

Em 1989, a Declaração de Haia sobre o Meio Ambiente foi assinada pelo Brasil que reconheceu "o direito a viver com dignidade em um ambiente global viável, e o consequente dever da comunidade de nações para com as presentes e futuras gerações de fazer todo o possível para preservar a qualidade do meio ambiente".

O direito do indivíduo ao acesso às informações relacionadas ao meio ambiente pode ser encontrado em diversos instrumentos internacionais, a exemplo da Convenção de Espoo sobre Avaliação do Impacto Ambiental num Contexto Transfonteiriço, de 1991, e a Declaração do Rio de Janeiro sobre o Meio Ambiente e Desenvolvimento, de 1992.

A Convenção sobre a Diversidade Biológica, em 1992, garantiu às presentes e futuras gerações a preservação da biosfera, com o objetivo de buscar a harmonia ambiental de todo o planeta.

Destaca-se, ainda, a Convenção sobre acesso à informação, participação pública e acesso à Justiça nas Questões Ambientais – Aarhus, de 25 de junho de 1998 (CONVENÇÃO SOBRE ACESSO À INFORMAÇÃO, PARTICIPAÇÃO PÚBLICA E ACESSO À JUSTIÇA NAS QUESTÕES AMBIENTAIS – AARHUS, 1998), que estabelece em seu preâmbulo:

> Toda pessoa tem o direito de viver num ambiente adequado a sua saúde e bem-estar e o dever, tanto individualmente quanto em associação com outros, de proteger e melhorar o meio ambiente em benefício da geração atual e das gerações futuras.

A Declaração de Dublin sobre Águas e Desenvolvimento Sustentável em seu Princípio 4º reconhece que é vital reconhecer, primeiramente, o direito humano básico de todos ao acesso à água limpa e saneamento básico a preços acessíveis; bem como a Declaração do Milênio (Johannesburg), em 2002, destaca a necessidade de acentuar a possibilidade de tratamento conjunto da qualidade ambiental com os objetivos de desenvolvimento humano e o esforço global para a erradicação da pobreza.

A Carta da Terra, de 2000, reconhecida como um instrumento que contém princípios fundamentais para a construção de uma sociedade global, justa, sustentável e pacífica, adotada no âmbito da Organização das Nações Unidas para a Educação, a Ciência e a Cultura em 2003, tem como objetivo e estratégia de médio prazo para 2002-2007, o reconhecimento de que "a liberdade de ação de cada geração é condicionada pelas necessidades das gerações futuras" e a garantia de "direito à água potável, ao ar puro, à segurança alimentar, aos solos não contaminados, ao abrigo e saneamento seguro, alocando os recursos nacionais e internacionais demandados".

Os instrumentos apontados demonstram a inter-relação existente entre os direitos humanos e o meio ambiente, e acentuam a preocupação dos países com o futuro da humanidade.

O DIREITO HUMANO E FUNDAMENTAL AO MEIO AMBIENTE SADIO

Os direitos fundamentais são aqueles positivados na Constituição, que internamente protegem o cidadão, e retiram seu suporte e validade da dignidade da qual toda pessoa é detentora.

A vontade constitucional da República Federativa do Brasil de 1988 foi de priorizar os direitos e garantias fundamentais. Piovesan (2009) bem afirma que é sob a perspectiva dos direitos que se afirma o Estado, alerta para o fato de que, antes da Constituição Federal de 1988, as Constituições anteriores, a exemplo de 1967, eram petrificados temas afetos ao Estado e não aos direitos.

Fiorillo (2003) dá tratamento de direito humano fundamental ao meio ambiente, assim como o direito à vida, interessado em proteger os valores fundamentais da pessoa humana e indispensáveis a toda população brasileira.

A Constituição Federal de 1988 instituiu aplicabilidade imediata às normas que traduzem direitos e garantias fundamentais, nos termos do artigo 5°, § 1°, o que reforça a imperatividade de tais normas.

Explica Canotilho (2002) que a aplicação direta significa que os direitos, liberdades e garantias se aplicam independentemente da intervenção legislativa, como também, que valem contra qualquer lei que venha estabelecer restrições em desconformidade com a Constituição.

A Constituição Federal de 1988 foi a primeira Constituição a adotar a prevalência dos direitos humanos, como princípio fundamental a reger as relações internacionais em seu artigo 4°, inciso II, que surge como forma de limitar a atuação da soberania estatal, bem como de contribuir e reforçar a força dos tratados internacionais de direitos humanos formalizados pelo Brasil.

Ensina Piovesan (2009) que a prevalência dos direitos humanos implica engajamento do País no processo de elaboração de normas vinculadas ao Direito Internacional dos Direitos Humanos, como também na busca da integração de tais regras na ordem jurídica interna brasileira, e, ainda, compromisso de adotar uma posição política contrária aos Estados que desrespeitem gravemente os direitos humanos.

Barroso (2001) explica que os princípios fundamentais contêm decisões políticas estruturais do Estado e sintetizam os principais valores da ordem jurídica instituída, sendo dirigida aos três Poderes, condicionam a interpretação e aplicação de todas as regras jurídicas e asseguram a unidade sistemática da Constituição.

Acrescente-se que o artigo 5°, §2° da Constituição Federal de 1988 determina que os direitos e garantias expressos na Constituição não excluem outros decorrentes dos tratados internacionais em que o Brasil seja parte.

Assim, os direitos constantes dos tratados de direitos humanos, de que o Brasil faz parte, integram o elenco dos direitos constitucionalmente consagrados.

Neste sentido afirma Piovesan (2009):

> Ora, ao prescrever que os "os direitos e garantias expressos na Constituição não excluem outros direitos decorrentes dos tratados internacionais", a *contrario sensu*, a Carta de 1988 está a incluir, no catálogo de direitos constitucionalmente protegidos, os direitos enunciados nos tratados internacionais em que o Brasil seja parte. Esse processo de inclusão implica a incorporação pelo Texto Constitucional de tais direitos.

O valor supremo e núcleo essencial da Constituição Federal Brasileira de 1988 é a dignidade da pessoa humana. Não é possível conceber uma vida digna sem a existência de um meio ambiente sadio e equilibrado.

O direito a um meio ambiente saudável e equilibrado é um direito humano positivado e protegido em diversos tratados internacionais no sistema global, regional, geral e específico, como também é um direito fundamental, porque previsto em nossa Constituição, no artigo 225 (BRASIL, 1988), a saber:

> Todos têm direito ao meio ambiente ecologicamente equilibrado, bem de uso comum do povo e essencial à sadia qualidade de vida, impondo-se ao Poder Público e à coletividade o dever de defendê-lo e preservá-lo para as presentes e futuras gerações.

A água de lastro descartada indevidamente pode vir a causar danos ao meio ambiente, à saúde, modificando a vida das espécies e do homem no planeta terra, impondo a todos o dever de proteger esse bem de uso comum.

O direito à saúde e sua relação com o meio ambiente tem sido objeto de diferentes abordagens ao longo dos anos.

A premência de um diálogo necessário entre elas se dá em virtude de que ambas foram elevadas a categoria de direitos individuais fundamentais, constitucionalmente protegidos e que há, inegavelmente, uma mútua inter-relação entre elas, uma vez que a agressão crescente e aguda ao meio aquático da Amazônia, por meio do deslastre indevido da água de lastro, o qual é responsável pela acentuação de doenças endêmicas, é fruto de uma relação direta entre o homem e o meio ambiente.

Estudos realizados por Luna (2002) detectaram certos organismos causadores de doenças sendo transportados na água de lastro de determinados navios e, também, presentes na região portuária de alguns portos brasileiros.

Esses estudos sugerem que bactérias, vulgarmente conhecidas como Cólera e a *Salmonella, são* responsáveis, respectivamente, por surtos de cólera e de salmonelose e estão circulando na área do entorno portuário tendo sido associados diretamente à água de lastro dos navios.

Evidencia-se, dessa forma, um problema de saúde pública que, se aliada à gestão sadia e equilibrada do meio ambiente, seria mais fácil e menos dispendioso combater sua causa (tratamento da água de lastro) do que seus efeitos nocivos, que refletem diretamente na saúde pública, pois atinge frontalmente as populações ribeirinhas e, por via transversa, o restante da sociedade, que por sua vez, procuram tratamento para seus males no Sistema Único de Saúde (SUS), e sobrecarrega ainda mais o sistema público de saúde.

O deslastre indevido da água de lastro compromete a existência de um meio ambiente sadio e equilibrado para as gerações presentes e futuras, o qual é devidamente assegurado como direito humano e fundamental indispensável para a uma vida digna.

2.1. O Princípio do Desenvolvimento Sustentável

A noção de desenvolvimento sustentável tem sido observada e utilizada sob diferentes perspectivas e pelos mais variados agentes sociais.

O conceito de desenvolvimento sustentável procura conciliar a necessidade de desenvolvimento econômico da sociedade com a promoção do desenvolvimento social e com o respeito ao meio-ambiente.

Em 1972, o Clube de Roma, uma Organização não Governamental (ONG), formado por cientistas, empresários e políticos, preocupados com a preservação dos recursos naturais do planeta, publicou um relatório que se tornou um marco histórico de alerta quanto ao futuro do planeta caso as condições insustentáveis do desenvolvimento fossem mantidas. Relacionaram quatro questões que deveriam ser solucionadas para que se alcançasse a sustentabilidade: controle do crescimento populacional, crescimento industrial, insuficiência da produção de alimentos e o esgotamento dos recursos naturais (CAMARGO, 2002).

No mesmo ano, ocorreu a Conferência de Estocolmo, considerada marco no processo do discurso do Desenvolvimento Sustentável, com disputas de poder travadas no espaço político, levantando-se questões e diferentes problemas ambientais.

No espaço político e institucional, constituído em torno da Conferência de Estocolmo, o cenário apontou dois conjuntos de interesses, um que questionava a sociedade de consumo e outro que buscava promovê-la. Novas correlações de forças foram estabelecidas na perspectiva de que as demandas ambientalistas não afetassem os mecanismos de reprodução do sistema capitalista enquanto forma de produção de mercadorias.

Aponta Silva (2000) que a Declaração de Estocolmo abriu caminho para que as constituições posteriores reconhecessem o meio ambiente ecologicamente equilibrado como um direito fundamental entre os direitos sociais do homem, com suas características de direitos a serem realizados e direitos a não serem perturbados.

Antes da realização da Conferência de Estocolmo de 1972, duas correntes de pensamento relacionadas ao desenvolvimento econômico surgiram: a dos 'otimistas' e a dos 'pessimistas'. Os otimistas defendiam que as preocupações ambientais inibem os países em desenvolvimento no seu esforço para industrializar-se, afirmavam que uma vez atingida a renda "per capta" dos países ricos, as externalidades negativas do processo poderiam ser neutralizadas. Por outro lado, os pessimistas lançavam ideias de uma catástrofe iminente, caso o crescimento econômico não fosse imediatamente paralisado. Alertavam ainda, que o final do século seria o término da raça humana se o crescimento populacional e o crescimento do consumo não fossem interrompidos a tempo.

A corrente dos otimistas foi fortalecida pela liberalização econômica do final do século, mas as preocupações ambientais passaram a fazer parte da agenda nacional e internacional.

Os excessos dessas duas posições, o "economicismo arrogante e o fundamentalismo ecológico" (SACHS, 2000, p. 52), deu lugar ao 'caminho do meio'. A divisão do mundo entre pobres e ricos, comparando nações ou pessoas destas, impossibilitava a adoção do 'crescimento zero', pois significaria restringir as opções dos pobres, mas o crescimento desenfreado não poderia ser justificado, porque ocasionaria maior desigualdade entre ricos e pobres.

Posteriormente, em 1974, foi formalizada a Declaração de Cocoyok, resultado de uma reunião da Conferências das Nações Unidas sobre Comércio-Desenvolvimento (UNCTAD) e do Programa de Meio Ambiente das Nações Unidas (UNEP), que contribuiu para a discussão sobre desenvolvimento e meio ambiente, destacando as hipóteses de: crescimento populacional, falta de recursos naturais, desequilíbrio demográfico gerado pela pobreza, destruição ambiental na África, Ásia e América Latina como resultado da pobreza que levava a população carente à utilização excessiva do solo e dos recursos vegetais e a contribuição dos países industrializados para os problemas do subdesenvolvimento por causa do seu nível exagerado de consumo e participação na poluição da biosfera.

Em 1975, as posições de Cocoyok foram aprofundadas no relatório final de um projeto da Fundação Dag-Hammarskjöld com participação de pesquisadores e políticos de 48 países, com a contribuição do UNEP e mais treze organizações da ONU. Este relatório apontou os problemas decorrentes do abuso de poder e sua interligação com a degradação ecológica. Demonstrou, ainda, que o sistema colonial concentrou os solos mais aptos para a agricultura na mão de uma minoria social e dos colonizadores europeus. Apontou que grandes massas da população original foram expulsas e marginalizadas, sendo forçadas a usar solos menos apropriados.

A maior profundidade do conceito de Desenvolvimento Sustentável ocorreu quando da discussão do Relatório da Comissão Mundial sobre Meio Ambiente e Desenvolvimento, com o título Nosso Futuro Comum, que tratou de alternativas para o desenvolvimento e o meio ambiente, elaborado por uma comissão presidida pela ex-primeira ministra da Noruega, Gro Harlem Brundtlan, a pedido da Assembléia Geral da ONU em 1983, concluído em 1986, e conhecido também como Relatório BRUNTLAND (CMMAD, 1991). Segundo esse relatório, o conceito não preconizava limites absolutos ao desenvolvimento econômico, entretanto tomava como referência as limitações impostas pelo estágio de desenvolvimento tecnológico e da organização social sobre os recursos ambientais, e pela capacidade da biosfera em absorver os impactos decorrentes da atividade antrópica.

Não podemos deixar de mencionar que o Relatório produzido pelo Clube de Roma, como também o Relatório Brundtland sobre o Desenvolvimento Sustentável, foram fortemente criticados porque creditaram a situação de insustentabilidade do planeta, principalmente, à condição de descontrole da população e à miséria dos países do Terceiro Mundo, e efetuaram uma crítica muito branda à poluição ocasionada durante os últimos séculos pelos países do Primeiro Mundo.

Segundo a definição consagrada e simplificada do Relatório "Nosso Futuro Comum" (Comissão Brundtland), desenvolvimento sustentável deve ser entendido como "aquele que satisfaz as necessidades do presente sem comprometer a capacidade das gerações futuras satisfazerem as suas próprias necessidades" (CMMAD, 1991), marcadamente com uma solidariedade necessária em cada sociedade e entre as gerações, de modo a configurar um novo paradigma de desenvolvimento, com o pressuposto de continuidade e permanência da qualidade de vida e das oportunidades da sociedade ao longo do tempo, incorporando uma perspectiva de longo prazo.

O conceito de desenvolvimento sustentável, formulado pela Comissão Mundial Sobre o Meio Ambiente e Desenvolvimento, propõe satisfazer as necessidades e as aspirações humanas tendo como principal objetivo o desenvolvimento. Na audiência pública da CMMAD (CMMAD, 1991), ocorrida em Otawa, em 26 e 27 de maio de 1986 foi concluído que:

> Devido à falta de comunicação, os grupos de assistência ao meio ambiente, à população e ao desenvolvimento ficaram separados durante muito tempo, o que impediu que tomássemos consciência do nosso interesse comum e de nossa força conjunta. Felizmente, essa falha está sendo sanada. Sabemos agora o que nos une é muito mais

importante que o que nos divide. Reconhecemos que a pobreza, a deterioração do meio ambiente e o crescimento populacional estão indissoluvelmente ligados, e que nenhum desses problemas fundamentais pode ser resolvido isoladamente. Venceremos ou fracassaremos juntos. Chegar a uma definição de desenvolvimento sustentável aceita por todos continua sendo um desafio para todos que estão empenhados no processo de desenvolvimento.

Posteriormente, em 1992, realizou-se a Conferência das Nações Unidas sobre Meio Ambiente e Desenvolvimento (Eco'92), oportunidade em que a noção de Desenvolvimento Sustentado adquiriu grande aceitabilidade.

Sachs (1997) afirma que o desenvolvimento sustentável cria duas solidariedades, uma sincrônica, com a geração à qual pertencemos, e outra diacrônica, com as gerações futuras, esta deve traduzir-se na solidariedade intergerações, de tal modo que o bem-estar das gerações atuais não comprometa as oportunidades e as necessidades futuras, assegurando-se que o bem-estar de uma minoria não pode ser construído em detrimento da maioria.

Preleciona Cavalcanti (2003) que sustentabilidade significa a possibilidade de se obterem, continuamente, condições iguais ou superiores de vida para um grupo de pessoas e seus sucessores em dado ecossistema. Tal conceito equivale à ideia de manutenção de nosso sistema de suporte da vida. Basicamente, trata-se do reconhecimento do que é biofisicamente possível em uma perspectiva de longo prazo.

A necessidade do equilíbrio entre o crescimento econômico, preservação ambiental e equidade social está expresso na Constituição de 1988. Destaca-se o artigo 170 da Constituição Federal (BRASIL, 1988) que enumera os fundamentos e princípios da ordem econômica:

> Art. 170. A ordem econômica, fundada na valorização do trabalho humano e na livre iniciativa, tem por fim assegurar a todos existência digna, conforme os ditames da justiça social, observados os seguintes princípios:
> I – soberania nacional;
> II – propriedade privada;
> III – função social da propriedade;
> IV – livre concorrência;
> V – defesa do consumidor;
> VI – defesa do meio ambiente, inclusive mediante tratamento diferenciado conforme o impacto ambiental dos produtos e serviços e de seus processos de elaboração e prestação; (Redação dada pela Emenda Constitucional nº 42, de 19.12.2003)
> VII – redução das desigualdades regionais e sociais;
> VIII – busca do pleno emprego;
> IX – tratamento favorecido para as empresas de pequeno porte constituídas sob as leis brasileiras e que tenham sua sede e administração no País.

O DIREITO HUMANO E FUNDAMENTAL AO MEIO AMBIENTE SADIO

Percebe-se que, ao elencar a defesa do meio ambiente como princípio da ordem econômica, a intenção do legislador foi determinar a necessidade de harmonização entre a atividade econômica e a preservação ambiental. Já o princípio da propriedade privada, constante do inciso II, do artigo 170, é um valor constitutivo da sociedade brasileira, fundada no modo capitalista de produção e corolário da livre iniciativa e representa o incentivo ao crescimento econômico.

O artigo 170, inciso II, ao prever a função social da propriedade, evita abusos na utilização da propriedade em prejuízo da coletividade e representa verdadeiro incentivo à preservação ambiental e ao respeito às questões sociais.

O princípio do desenvolvimento sustentável, mediante análise conjunta dos incisos II e III do artigo 170 da Constituição Federal, resta claramente demonstrado, em que de um lado, há o incentivo ao crescimento econômico representado pelo princípio da propriedade privada; de outro, a proteção ambiental e a equidade social representadas pelo princípio da função social da propriedade (função socioambiental da propriedade).

Estabelece, ainda, o artigo 170, inciso VII, como princípio da ordem econômica, a redução das desigualdades regionais e sociais, tornando-se imperioso que o desenvolvimento econômico das nações seja realizado com uma melhor distribuição de renda, para a erradicação dos problemas sociais.

O artigo 225 da Constituição Federal completa a previsão do desenvolvimento sustentável ao estabelecer que todos têm direito ao meio ambiente ecologicamente equilibrado, ao impor o dever de preservação dos recursos naturais para as presentes e futuras gerações.

Percebe-se que a Constituição da República Federal do Brasil de 1988 prevê o modo de produção capitalista e incentiva o crescimento econômico, contudo também determina que seja observada, simultaneamente, a função social da propriedade e a preservação dos recursos naturais, para que haja condições de vida digna também para as gerações futuras. Neste sentido já se manifestou o Supremo Tribunal Federal (BRASIL, 2006):

> A questão do Desenvolvimento Nacional (CF, art. 3º, II) e a necessidade de preservação da integridade do meio ambiente (CF, art. 225): O princípio do Desenvolvimento Sustentável como fator de obtenção do justo equilíbrio entre as exigências da economia e as da ecologia. – O princípio do desenvolvimento sustentável, além de impregnado de caráter eminentemente constitucional, encontra suporte legitimador em compromissos internacionais assumidos pelo Estado brasileiro e representa fator de obtenção do justo equilíbrio entre as exigências da economia e as da ecologia, subordinada, no entanto, a invocação desse postulado, quando ocorrente situação de conflito entre valores constitucionais relevantes, a uma condição inafastável, cuja observância não comprometa nem esvazie o conteúdo essencial de um dos mais sig-

nificativos direitos fundamentais:o direito à preservação do meio ambiente, traduz bem de uso comum da generalidade das pessoas, a ser resguardado em favor das presentes e futuras gerações." (STF, ADI 3.540-MC, Rel. Min. Celso de Mello, DJ, 03/02/06)

As atividades envolvendo o comércio marítimo devem ser pautadas no dever de zelar pela preservação do meio ambiente, eliminando a transferência de espécies marinhas não nativas indesejáveis, garantindo-se a saúde das pessoas, a permanência das atividades mercantis, que é considerada importante para o comércio local e global, mas sem danos ambientais, com incorporação de práticas sustentáveis, com possibilidade do atendimento às necessidades atuais sem comprometer o atendimento às demandas das próximas gerações.

2.2. O Princípio do Poluidor-Pagador

O princípio do poluidor-pagador (PPP) tem como objetivo evitar o dano ao meio ambiente; não é tolerar a poluição mediante um preço, nem tão somente a compensação dos danos causados.

Pode-se definir o princípio poluidor-pagador como sendo aquele que impõe ao poluidor o dever de arcar com as despesas de prevenção, reparação e repressão da poluição ambiental.

Afirma Canotilho (2010) que:

> O PPP é o princípio que, com maior rapidez e eficácia ecológica, com maior economia e maior equidade social, consegue realizar os objetivos da política de proteção do ambiente. Os fins que o PPP visa realizar são a precaução, a prevenção e a equidade na redistribuição dos custos das medidas públicas.

Nesta linha de pensamento, o pagamento pelo lançamento de efluentes, por exemplo, não permite condutas inconsequentes, a ensejar o descarte de resíduos fora dos padrões e das normas ambientais. Não há o direito de poluir, mas se poluiu, pagará os danos.

Neste sentido acrescenta Machado (2004) ao prelecionar que:

> Não se aprecia subjetivamente a conduta do poluidor, mas a ocorrência do resultado prejudicial ao homem e seu ambiente. A atividade poluente acaba sendo uma apropriação pelo poluidor dos direitos de outrem, pois na realidade a emissão poluente representa um confisco do direito de alguém em respirar ar puro, beber água saudável e viver com tranquilidade. Por isso, é imperioso que se analisem oportunamente as modalidades de reparação do dano ecológico, pois muitas vezes não basta indenizar para cessar a causa do mal, pois um carrinho de dinheiro não substitui o sono recuperador, a saúde dos brônquios, ou a boa formação do feto.

O Estado tem o dever de fiscalizar e orientar os particulares quanto aos limites em usufruir o meio ambiente, visando coibir as atividades nocivas, que comportem risco para a vida e qualidade do meio ambiente.

A Declaração do Rio, de 1992 (DECLARAÇÃO DO RIO DE JANEIRO SOBRE O MEIO AMBIENTE E DESENVOLVIMENTO, 1992), prevê em seu Princípio 16 que:

> As autoridades nacionais devem procurar promover a internalização dos custos ambientais e o uso dos instrumentos econômicos, tendo em vista a abordagem segundo a qual o poluidor deve, em princípio, arcar com o custo da poluição, com a devida atenção ao interesse público e sem provocar distorções no comércio e nos investimentos internacionais.

A Política Nacional do Meio Ambiente, de 1981, ao acolher o princípio do poluidor-pagador, estabelece em seu artigo 4º, inciso VII, como um de seus fins "a imposição, ao poluidor e ao predador, da obrigação de recuperar e/ou indenizar os danos causados".

Diferente não é a previsão da Constituição Federal, que em seu artigo 225, parágrafo terceiro (BRASIL, 1988), determina:

> As condutas e atividades consideradas lesivas ao meio ambiente sujeitarão aos infratores, pessoas físicas e jurídicas, a sanções penais e administrativas, independentemente da obrigação de reparar os danos causados.

Milaré (2010) ensina que este princípio se inspira na teoria econômica de que os custos sociais externos, que acompanham o processo produtivo, necessitam estar internalizados. Os agentes econômicos devem incluí-los quando da elaboração dos custos de produção, imputando-se ao poluidor o custo social da poluição por ele causada, responsabilizando-o por dano ecológico, mediante a internalização dos custos externos.

Busca-se compensar a degradação, também chamada de externalidades negativas, haja vista o dano ser coletivo e o lucro recebido pelo produtor privado. É a capitalização do lucro e a socialização do dano.

Canotilho (2010) lembra que:

> Se aos poluidores não forem dadas outras alternativas a não ser deixar de poluir ou ter que suportar um custo econômico em favor do Estado (o qual afetará as verbas obtidas exclusiva ou prioritariamente a ações de proteção do ambiente), então os poluidores terão que fazer os seus cálculos econômicos de modo a escolher a opção mais vantajosa: acatar as disposições dissuasórias da poluição e tomar todas as medidas necessárias a evitar a poluição, ou manter a produção nuns moldes e num nível tal que ainda seja economicamente rentável suportar os custos que isso acarreta.

O ônus do custo econômico de toda a coletividade é afastado e repassado ao particular que retira proveito do dano. O encargo será suportado às custas de quem aufere mais lucros com a exploração da natureza.

As atividades que envolvem o comércio marítimo devem escolher pagar para não poluir, dispor de verbas tanto para um controle interno de deslastre da água de lastro, quanto para adoção das técnicas recomendadas, investir em processos produtivos ou em investigações de novas técnicas e prevenir assim a poluição do ambiente marinho.

Interessante é a observação de Diniz (2010) no sentido de que:

> O direito não pode ficar inerte ante a triste realidade da devastação ecológica, pois o homem está, com suas conquistas científicas ou tecnológicas, destruindo os bens da natureza, que existem para o seu bem-estar, alegria e saúde; contaminando rios, lagos, com despejos indústrias, contendo resíduos da destilação do álcool, de plástico, de arsênico, de chumbo ou de outras substâncias venosas; devastando florestas; destruindo reservas biológicas; represando rios, usando energia atômica ou nuclear. (...)

A transferência de organismos marinhos exóticos em novos ambientes, trazidos por navios, na água de lastro, ameaça a conservação e a utilização sustentável da diversidade biológica, impondo a necessidade de prevenção, reparação e repressão do deslastre indevido.

2.3. O Princípio da Cooperação entre os Povos

A importância do dever de cooperação internacionalmente foi destacada na Conferência de Estocolmo, em 1972 (DECLARAÇÃO DA CONFERÊNCIA DE ONU NO AMBIENTE HUMANO, ESTOCOLMO, 5-16 DE JUNHO DE 1972), nos Princípios 22 e 24 em que:

> Princípio 22 – Os Estados devem cooperar para continuar desenvolvendo o direito internacional no que se refere à responsabilidade e a indenização às vitimas da contaminação e outros danos ambientais que as atividades realizadas dentro da jurisdição, ou sob o controle de tais Estados, causem em zonas situadas fora de sua jurisdição.
>
> Princípio 24 – Toda pessoa deve agir conforme o disposto na presente carta. Toda pessoa, atuando, individual ou coletivamente, ou no marco de sua participação na vida política, procurará alcançar e observar os objetivos e as disposições da presente Carta.

Os Estados devem cooperar para continuar desenvolvendo o direito internacional no que se refere à responsabilidade e à indenização às vítimas da poluição e de outros danos ambientais que as atividades realizadas dentro da jurisdição ou sob o controle de tais Estados causem às zonas fora de sua jurisdição.

O DIREITO HUMANO E FUNDAMENTAL AO MEIO AMBIENTE SADIO

Todos os países, grandes e pequenos, devem ocupar-se, com espírito de cooperação e em condições de igualdade, das questões internacionais relativas à proteção e melhoramento do meio ambiente. É indispensável cooperar para controlar, evitar, reduzir e eliminar eficazmente os efeitos prejudiciais que as atividades que se realizem em qualquer esfera possam ter para o meio ambiente, mediante acordos multilaterais ou bilaterais, ou por outros meios apropriados, respeitada a soberania e os interesses de todos os Estados.

A cooperação internacional de todos os Estados e todas as pessoas também constou da Declaração do Rio sobre o Meio Ambiente, de 1992 (DECLARAÇÃO DO RIO DE JANEIRO SOBRE O MEIO AMBIENTE E DESENVOLVIMENTO, 1992), em vários de seus princípios:

> Princípio 2: Os Estados, em conformidade com a Carta das Nações Unidas e os princípios da lei internacional, têm o direito soberano de explorar seus próprios recursos segundo suas próprias políticas ambientais e de desenvolvimento, e a responsabilidade de velar para que as atividades realizadas sob sua jurisdição ou sob seu controle não causem danos ao meio ambiente de outros Estados ou de zonas que estejam fora dos limites da jurisdição nacional.
>
> Princípio 7: Os Estados deverão cooperar com o espírito de solidariedade mundial para conservar, proteger e restabelecer a saúde e integridade do ecossistema da terra. Tendo em vista que tenham contribuído notadamente para a degradação do ambiente mundial, os Estados têm responsabilidades comuns, mas diferenciadas. (...)
>
> Princípio 14: Os Estados deveriam cooperar efetivamente para desestimular ou evitar o deslocamento e a transferência a outros Estados de quaisquer atividades e substâncias que causem degradação ambiental grave ou se considerem nocivas à saúde humana.

Aponta Padilha (2010) que:

> O princípio da cooperação deixa claro que a conquista da efetividade do direito ao meio ambiente ecologicamente equilibrado, enquanto árdua tarefa, necessita de uma rede solidária de ações proativas, coordenadas e conjuntas, a envolver desde os entes políticos estatais, no nível internacional e interno de cada país, bem como toda a sociedade civil organizada e cada indivíduo isoladamente considerado.

Deve-se incluir neste princípio a cooperação no sentido de repassar os conhecimentos de tecnologia e conhecimentos de proteção do ambiente obtidos pelos países mais avançados e que têm possibilidade econômica de investir em pesquisas ambientais.

A Constituição Federal de 1988 em seu artigo 4º, inciso IX, estabelece como princípios das relações internacionais da República Federativa do Brasil a "cooperação entre os povos para o progresso da humanidade".

A proteção do meio ambiente guarda relação e interdependência entre as nações, fato que pode ser observado diante de qualquer agressão ambiental que nem sempre se circunscreve ao limite territorial de um país, podendo alcançar outros países vizinhos ou ao ambiente global do planeta. O meio ambiente não tem fronteiras.

A Lei 9.605/98, que dispõe sobre sanções penais e administrativas derivadas de condutas e atividades lesivas ao meio ambiente, dedicou o capítulo VII integralmente à "cooperação internacional para a preservação do meio ambiente". O objetivo é o de intercâmbio entre os países, no que concerne ao meio ambiente, quando à produção de provas, exames de objetos e lugares, informações sobre pessoas e coisas, presença obrigatória de pessoas presas, cujas declarações tenham relevância para a decisão de uma causa, e outras formas de assistência permitidas pela legislação em vigor ou pelos tratados de que o Brasil seja parte.

A proteção do meio ambiente é uma questão de superior importância que afeta o bem-estar das populações e o desenvolvimento do mundo inteiro. O deslastre da água de lastro realizado conforme as determinações da NORMAN-20/ /DPC e da Convenção Internacional sobre Água de Lastro e Sedimentos de Navios procura resguardar e defender a existência de um meio ambiente sadio e equilibrado, em benefício de todos os povos e de sua posteridade. Logo, cabe a cada um contribuir com sua cota de participação, nos esforços comuns, e que tal finalidade é um imperativo não somente local, mas para a humanidade.

2.4. O Controle da Bioinvasão pela Água de Lastro no Cenário Internacional

A bioinvasão, tendo como vetor a água de lastro, é um problema que não pode ser combatido com esforços isolados, principalmente de países que já perceberam suas consequências, pois se o país vizinho não cooperar, fazendo sua parte na gestão da água de lastro, todo o trabalho daquele terá sido em vão, tendo em vista que no mundo marinho não há fronteiras, atingindo todos, sendo esse um problema globalizado. Assim, se faz necessário uma cooperação de todas as nações, no sentido de acatar as diretrizes internacionais, regulamentando a questão nacionalmente, para que efetivamente o problema causado pela água de lastro seja definitivamente dirimido ou minimizado.

Há diversos países, em especial os Estados Unidos, Canadá, Nova Zelândia e Austrália, que adotaram normas rígidas e pagamentos de multas altíssimas para os operadores que infringem as regras de deslastre de água no país, bem como a existência de grande monitoramento das operações dos navios e fiscalização efetiva dos tanques que contenham água de lastro. A seguir, são apresentadas algumas das principais iniciativas que estão sendo adotadas:

Nos Estados Unidos, segundo pontifica Fernandes (2002), por exemplo:

[...] a Guarda Costeira tem controlado a introdução de espécies exóticas através de água de lastro nos Grandes Lagos. Foram emitidas, a partir de 1990, diretrizes para prevenir novas introduções e dispersão de espécies indesejáveis e 90% dos navios aderiram voluntariamente a elas, permitindo análises de salinidade nos tanques de lastro. Esse procedimento é importante especialmente em navios provenientes de portos com água salobra e doce.

Ainda nesse país, em 25 de novembro de 2008, a Corte Americana concedeu o direito aos Estados, como Michigan, de regularem eles próprios as operações sobre água de lastro, sendo esse Estado o primeiro a estabelecer regras para o gerenciamento de água de lastro. Depois desse fato, outros Estados como a Califórnia, Washington, Oregon e Oakland também estabeleceram requisitos para o gerenciamento da água de lastro em águas sob suas jurisdições.

Na Califórnia, além dos navios cumprirem os procedimentos estabelecidos pela IMO, tanto para viagens de longo percurso como para navegação de cabotagem, têm-se que manter um plano de gerenciamento de água de lastro e pagar uma taxa de fiscalização, momento em que é feita uma verificação no primeiro porto de parada; os outros Estados também aplicam a mesma regra.

A fiscalização e controle da água de lastro a bordo dos navios é feita pela Guarda Costeira, que, detectando irregularidades no gerenciamento da água de lastro, pode aplicar multas que variam de US$ 250,000[20] (Duzentos e cinqüenta mil dólares) até US$ 500,000[21] (quinhentos mil dólares) por dia, e pode o comandante do navio, cumprir pena de até 12 (doze) anos de prisão.

O Canadá, desde os anos 90, tem um plano de gestão de água de lastro muito intenso, na qual os inspetores dos navios vão a bordo e lá fazem testes da qualidade da água de lastro. O teste que se aplica é o mesmo sugerido pela IMO, ou seja, colhe-se uma pequena amostra da água de lastro contida nos tanques

---

[20] Conversão do Dolar dos EUA para Real-Brasil, cotação utilizada de 15/06/2012, taxa: 2,0437 Real--Brasil = 1 Dolar dos EUA, valor convertido: US$ 250,000 (duzentos e cinquenta mil dólares), resultado da conversão: R$ 510.925,00 (quinhentos e dez mil, novecentos e vinte e cinco reais). Cotação disponível em: <*http://www4.bcb.gov.br/pec/conversao/Resultado.asp?idpai=convmoeda*>. Acesso em 18 jun. 2012.

[21] Conversão do Dolar dos EUA para Real-Brasil, cotação utilizada de 15/06/2012, taxa: 2,0437 Real--Brasil = 1 Dolar dos EUA, valor convertido: US$ 500,000 (quinhentos mil dólares), resultado da conversão: R$ 1.021.850,00 (um milhão, vinte e um mil, oitocentos e cinquenta reais). Cotação disponível em: <*http://www4.bcb.gov.br/pec/conversao/Resultado.asp?idpai=convmoeda*>. Acesso em 18 jun. 2012.

do navio e mede-se a salinidade por meio de um refratômetro, oportunidade em que se a salinidade da água do tanque for maior do que 36,5 PPM, na Escala de Salinidade Prática, indicará que aquela água é de meio oceânico, significando dizer que o navio cumpriu o procedimento de troca de água de lastro oceânica. Cumpre-se salientar que a fiscalização, adequadamente, é realizada antes de se fazer o deslastre, possibilitando a fiscalização confrontar os dados da análise da água dos tanques com o que foi informado no formulário preenchido e enviado com antecedência à autoridade marítima do país. Caso sejam observadas irregularidades, altas multas são aplicadas aos navios.

Continuando com os ensinamentos de Fernandes (2002), pode-se verificar ainda que:

> Na Austrália, o Serviço de inspeção e Quarentena elaborou desde 1990 suas próprias diretrizes para a entrada de navios em suas águas, baseadas em instruções da IMO. Já a Nova Zelândia criou as suas normas em 1992, com a ajuda do grupo de Trabalho de Água de lastro da IMO. Em Israel, Qualino porto de Haifa, é necessário trocar a água de lastro em águas oceânicas, antes do deslastro.

A Nova Zelândia tem um grande programa de gestão de água de lastro, exigindo-se de todos os navios que em seus portos atracam, que tenham um plano de gerenciamento de água de lastro. Penalidades severas são impostas aos comandantes de navios, que forneçam informações incorretas em relação à água de lastro, que podem chegar a 12 (doze) meses de prisão e/ou multas de 50,000NZ$[22] (cinquenta mil dólares da Nova Zelândia) para o comandante e 100,000NZ$[23] (Cem mil dólares da Nova Zelândia) para o navio.

A Austrália, como já anteriormente enfatizado, desde 1990 trabalhava com suas próprias diretrizes e, em 2001, introduziu o seu programa de gerenciamento de água de lastro visando a reduzir o risco de introdução de bioinvasores no país por meio da água de lastro. Os procedimentos hoje adotados estão em consonân-

---

[22] Conversão do Dolar da Nova Zelândia para Real-Brasil, cotação utilizada de 15/06/2012, taxa: 1,6092 Real-Brasil = 1 Dolar da Nova Zelândia, valor convertido: 50,000NZ$ (cinquenta mil dólares da Nova Zelândia), resultado da conversão: R$ 80.460,00 (oitenta mil, quatrocentos e sessenta reais). Cotação disponível em: <*http://www4.bcb.gov.br/pec/conversao/Resultado.asp?idpai=convmoeda*>. Acesso em 18 jun. 2012.

[23] Conversão do Dolar da Nova Zelândia para Real-Brasil, cotação utilizada de 15/06/2012, taxa: 1,6092 Real-Brasil = 1 Dolar da Nova Zelândia, valor convertido: 100,000NZ$ (cem mil dólares da Nova Zelândia), resultado da conversão: R$ 160.920,00 (cento e sessenta mil, novecentos e vinte reais). Cotação disponível em: <*http://www4.bcb.gov.br/pec/conversao/Resultado.asp?idpai=convmoeda*>. Acesso em 18 jun. 2012.

cia com a Convenção Internacional de Água de Lastro da IMO, conforme relata a ONG Água de Lastro Brasil nos seguintes termos[24]:

Todos os navios vindos do exterior que planejam despejar água de lastro em áreas litorâneas da Austrália (até 12 milhas náuticas da costa) são obrigados a gerenciar essa água de acordo com os requerimentos da legislação em vigor, que são:

A. A descarga de água de lastro de alto risco em portos australianos ou dentro das 12 milhas náuticas do país é proibida;

B. Todos os navios trazendo água de lastro captada fora da Austrália são considerados "água de lastro de alto risco";

C. Todos os navios oriundos de portos internacionais são obrigados a declarar (entre 12 e 96 horas antes da atracação em porto australiano) todos os detalhes em relação à água de lastro a bordo, por exemplo: coordenadas geográficas do local em que a água foi captada, intenção de descarga e a forma usada para gerenciar a água de lastro a bordo;

Sua legislação aceita as seguintes formas de gerenciamento da água de lastro com fins de descarga em portos australianos: a) transferência entre tanques; b) método da troca sequencial (descarregar/captar); c) método do escoamento dos tanques com água oceânica; ou d) método da diluição;

Depois de receber as declarações de gerenciamento de água de lastro dos navios, o Departamento de Quarentena emite uma "Advertência" ao navio dizendo se este está ou não autorizado a descarregar água de lastro;

Assim que os navios ancoram em portos australianos, o Departamento de Quarentena inspeciona os navios para conferir a autenticidade das informações declaradas anteriormente pelo Comandante ou pelo Imediato (Chief Officer);

Se a declaração não for correta, o navio será proibido de descarregar sua água de lastro. Os responsáveis pelo navio podem ainda ter que responder legalmente pelo incidente e pagar multas. Como as declarações de água de lastro têm de ser obrigatoriamente assinadas pelo Comandante ou pelo Imediato, elas são usadas em tribunais como evidências legais.

No momento, o governo australiano está desenvolvendo um sistema nacional para prevenir a transferência de pestes marinhas já estabelecidas e/ou espécies marinhas locais entre portos domésticos. O estado de Victoria possui esse tipo de legislação desde 2004, reproduzindo as mesmas obrigações existentes na legislação federal. Tanto a legislação federal como a estadual são mantidas com taxas cobradas dos navios quando estes visitam a Austrália ou um dos portos do estado de Victoria.

---

[24] A água de lastro e seus riscos ambientais. Cartilha de conhecimentos básicos. Organização ONG Água de Lastro Brasil. São Paulo: Água de Lastro Brasil, p. 51-53, 2009.

Na Colômbia (A Água..., 2009, p. 54), a gestão da água de lastro está sendo realizada por um grupo regional do Globallast, que é o principal órgão de comunicação e consulta para pesquisas relacionadas à água de lastro. Esse grupo está encarregado de criar estratégias e um plano de ação para implementar os requisitos da convenção de água de lastro; além disso, está encarregado de fortalecer os mecanismos de intercâmbio com outros países sobre informações do ambiente marinho e sobre as medidas de prevenção e controle tomadas por países da região.

O Uruguai foi outro país da América do Sul que sofreu a invasão do mexilhão dourado pelo vetor água de lastro. Foi identificado o referido mexilhão nos rios Uruguai, Negro, Prata, Santa Lucia e Lagoa Merín. Atualmente estão sendo realizados estudos e testes para determinar a distribuição das espécies invasoras no país.

A Jamaica (A Água..., 2009, p. 55) é vitima do mexilhão verde, que tem causado sérios impactos no país. Esse mexilhão colonizou primeiro o porto de Kingston, alterando o ecossistema local. Atualmente, a Fundação Ambiental da Jamaica, a Universidade de West Indies e o Instituto da Jamaica fundaram o primeiro projeto de gestão da água de lastro.

No Peru (A Água..., 2009, p. 55), as autoridades nacionais estão diretamente envolvidas na gestão da água de lastro dos navios, por exemplo, a Guarda Costeira e a Direção Geral das Capitanias, o Instituto do Mar do Peru, bem como a Direção Geral de Saúde Ambiental (DIGESA).

O Peru tem desenvolvido diversos programas de capacitação para que os inspetores possam lidar com as espécies invasoras. Esses programas são realizados em parceira com as Universidades, com os Institutos de pesquisa e com o público em geral.

Na Argentina, desde 1990 é exigido que se coloque cloro no lastro dos navios para eliminar qualquer possibilidade de introdução de espécies exóticas. Elaboraram um projeto em parceria com o Programa das Nações Unidas para o Desenvolvimento e conservação da diversidade biológica e prevenção da contaminação marinha na Patagônia.

Atualmente, a Argentina vem trabalhando para cumprir as diretrizes internacionais, além de capacitar todo pessoal da Prefeitura Naval para a gestão da água de lastro dos navios.

Outros exemplos ocorrem também no Chile, que começou a regular o lastro desde 1995, quando passou a exigir que os navios troquem as águas de lastro a pelo menos 12 milhas náuticas da costa ou que seja utilizada cloração da água. No Panamá, é proibida a descarga da água de lastro dentro do Canal.

Lembra Zanella (2010) que vários países estão normatizando o controle e gestão da água de lastro, todavia, para acabar com as perdas ambientais e eco-

O DIREITO HUMANO E FUNDAMENTAL AO MEIO AMBIENTE SADIO

nômicas, é necessário que sejam adotadas as diretrizes e resoluções da IMO, esta que adotou, juntamente com seus Estados-membros, diversas resoluções sobre o tema.

É indispensável o engajamento de todos os países em busca de uma atividade sustentável, sem a ocorrência de danos ambientais e sociais, causados por um deslastre indevido que pode e deve ser evitado.

2.5. Propostas de Mudanças Legislativas Visando a Melhora do Sistema de Gerenciamento e Controle da Água de Lastro no Brasil

Este trabalho pretende contribuir com o sistema de gerenciamento e controle da água de lastro, propondo alterações de procedimentos relativos a sua fiscalização na Bacia Amazônica. Não se tem a intenção, aqui, de dispor de uma redação na forma de um projeto de lei, porém, pretende-se apontar as diretrizes para a elaboração deste, que contemple as reais e atuais necessidades da região e do sistema, bem como demonstrar a necessidade de mudanças legislativas.

De acordo com o artigo 4º da Lei nº 9.537/97, o qual dispõe sobre a segurança do tráfego aquaviário em águas de jurisdição nacional e dá outras providências, cabe à autoridade marítima a elaboração de normas, dentre essas, para a realização de inspeções navais e vistorias. Com base neste dispositivo legal, foi editada a NORMAM-20/DPC, norma da autoridade marítima para o gerenciamento da água de lastro de navios instituída pela Diretoria de Portos e Costas, órgão da Marinha do Brasil, de caráter obrigatório para todos os navios equipados com tanques/porões de água de lastro que entrem ou naveguem em águas jurisdicionais brasileiras. Essa norma é a expressão maior no ordenamento legal nacional das diretrizes da Convenção Internacional sobre a Água de Lastro, realizada em 2004.

É sabido que a referida Norma, com o intuito de resguardar as fragilidades e as potencialidades ainda inexploradas e desconhecidas do ambiente aquático amazônico, exige das embarcações que naveguem e aportem em bacias fluviais, que realizem pelo menos duas trocas das águas de lastro, uma sendo a mais de 200 milhas náuticas da costa e outra antes de entrar em águas fluviais.

Nesse passo, todos os esforços dispendidos no sentido de se evitar a bioinvasão por meio da água de lastro são corporificados e materializados no ato da fiscalização, que é um elemento crucial no controle do gerenciamento da água de lastro dos navios. Sabidamente, apenas com um efetivo controle das regras e normas nacionais, pode-se ter certeza do seu cumprimento e, assim, prevenir os graves impactos socioambientais e econômicos ao país.

O procedimento de fiscalização deve ser realizado seguindo as regras da NORMAN-20/DPC (BRASIL, 2005), que traz em seus dispositivos, a competência, forma e procedimentos da fiscalização a bordo dos navios. Os itens abaixo colacionados da referida Norma trazem estas importantes regras, quais sejam:

2.3 – GERENCIAMENTO DA ÁGUA DE LASTRO

2.3.1 – Inspeção

Os navios que escalem em portos ou terminais brasileiros estão sujeitos à Inspeção Naval com a finalidade de determinar se o navio está em conformidade com esta Norma.

2.3.2 – Envio do Formulário de Água de Lastro

O Formulário sobre Água de Lastro (Anexo A/Anexo B), devidamente preenchido, deve ser enviado às Capitanias (CP), Delegacias (DL) ou Agências (AG) pelos comandantes dos navios ou seus agentes, com antecedência mínima de vinte e quatro horas do horário estimado para a chegada da embarcação. Além disso, o navio deverá ter a bordo, por um período de pelo menos dois anos, um exemplar desse formulário para atender à Inspeção Naval, conforme artigo 4.2 desta Norma.

No caso dos navios que forem entrar na bacia Amazônica, deverá ser enviada também, uma cópia do formulário para a Delegacia da Capitania dos Portos em Santana, independentemente do seu destino naquela região.

3.4 – DUAS TROCAS DE ÁGUA DE LASTRO (BACIA AMAZÔNICA)

Todos os navios que forem entrar na bacia Amazônica deverão trocar o lastro conforme os procedimentos abaixo descritos. Por essa razão, todos os navios que entrarem nesta bacia, deverão preencher os itens 4.1 e 4.2 do Formulário (Anexo A//Anexo B) (anexos B e C do presente trabalho), e, no caso de deslastro, também o item 4.3.

3.4.1 – Rio Amazonas

Navios que forem entrar no Rio Amazonas, oriundos da navegação internacional ou de bacia fluvial distinta, deverão efetuar duas trocas de Água de Lastro. A primeira para evitar a transferência de organismos exóticos e/ou patogênicos, devendo ser realizada conforme descrito nas diretrizes gerais (inciso 2.3.3) no caso de navegação internacional, e no caso da cabotagem a troca poderá ser de pelo menos uma vez o volume do tanque, mesmo quando o navio utilizar o método do fluxo contínuo ou de diluição brasileiro. A segunda troca, para diminuir a salinidade da Água de Lastro, deve ser realizada no trecho entre a isobática de vinte metros e Macapá. Nos casos de navios com volume de lastro menor ou igual a $5000m^3$, o limite será a foz do Rio Jari. Nesta segunda troca será necessário bombear apenas uma vez o volume do tanque, tanto para a navegação internacional quanto para a de cabotagem.

3.4.2 – Rio Pará

O procedimento para o Rio Pará deve ser idêntico ao do Rio Amazonas: os navios realizam as duas trocas, a primeira troca conforme descrito no inciso 2.3.3 no caso de navegação internacional, e no caso da cabotagem a troca poderá ser de pelo menos uma vez o volume do tanque. A segunda troca deve ocorrer a pelo menos sessenta milhas náuticas de Salinópolis até o farol da Ponta do Chapéu Virado (Ilha do Mosqueiro), bombeando apenas uma vez o volume do tanque.

3.4.3 – Formulário referente à segunda troca

A segunda troca deverá ser documentada em um segundo formulário, que deverá ser encaminhado às Capitanias (CP), Delegacias (DL) ou Agências (AG) quando da chegada do navio ao porto/terminal da bacia Amazônica. Além disso, o navio deverá manter uma cópia a bordo, por um período de pelo menos dois anos, disponível à Inspeção Naval.

O texto da Norma, quanto aos procedimentos de fiscalização, estabelece que:

FISCALIZAÇÃO

4.1 – SISTEMA DE FISCALIZAÇÃO

O Sistema de Fiscalização é um componente essencial no controle do Gerenciamento da Água de Lastro e, dessa forma, deve basear-se no regime de gestão adotado, ser coerente com a prática internacional e ser capaz de avaliar se as exigências do Estado do Porto foram atendidas e, em caso negativo, assegurar que medidas ou sanções apropriadas sejam adotadas.

Em casos de violação desta NORMAN, de denúncia, de situações de emergência, ou quando circunstâncias relevantes justificarem, os Agentes da AM deverão tomar medidas que assegurem que o navio não descarregará Água de Lastro, até que possa fazê-lo sem que isso represente uma ameaça de dano ao meio ambiente, à saúde pública, às propriedades ou recursos.

Destaca, ainda, o texto da Norma, como sendo procedimentos de controle da troca da água de lastro, os seguintes:

4.2 – CONTROLE

4.2.1 – Procedimento

O Controle da troca da Água de Lastro deve ser exercido a partir da verificação do Plano de Gerenciamento da Água de Lastro e do Formulário de Água de Lastro (Anexo A/Anexo B). O Livro Registro de Água de Lastro e o Certificado Internacional de Gestão de Água de Lastro, quando existentes, deverão ser analisados, respectivamente, quanto aos registros das operações de lastro realizadas e quanto à sua validade.

Os seguintes tópicos podem ser objeto de verificação pelo Inspetor Naval:

...

e) verificar se a troca da Água de Lastro foi realizada de acordo com os procedimentos desta Norma;

f) coletar amostras da Água de Lastro para futura avaliação, quando julgar necessário, e sempre em conformidade com o disposto no artigo 4.1; e

g) como forma de verificação/confirmação das informações obtidas no Formulário (Anexo A/Anexo B), o inspetor naval poderá amostrar a água dos tanques/ /porões de lastro para, por meio da utilização de um refratômetro, verificar a salinidade da água.

GERENCIAMENTO E CONTROLE DA ÁGUA DE LASTRO E A RESPONSABILIDADE CIVIL

4.3.3 – Inspeção Naval

Os Inspetores e Vistoriadores Navais deverão verificar o cumprimento das presentes normas, quando da realização da Inspeção Naval em navios brasileiros e estrangeiros.

A referida Norma, quanto à constatação de infrações cometidas no gerenciamento da água de lastro, prevê que:

4.5 – CONSTATAÇÃO DA INFRAÇÃO

A infração e o seu responsável serão constatados (auto de infração ambiental – anexo D do presente trabalho):

a) no momento em que for praticada ou durante a inspeção;
b) mediante apuração posterior; e
c) mediante Processo Administrativo.

Continuando nesse cenário, resgata-se, neste momento, a fim de embasar as propostas de alteração de procedimentos e mudanças da norma legal a serem sugeridos, entrevista realizada em 16/11/2011, constante no subitem 1.5 do presente trabalho, com o 1º tenente encarregado da SPA – Segurança de Tráfego Aquaviário da Capitania dos Portos do Amapá. Foi afirmado pela referida autoridade que, pela fragilidade do ecossistema amazônico, a NORMAN-20/DPC exige que se façam duas trocas de águas de lastro para se adentrar na Amazônia. A primeira, a 200 milhas náuticas da costa, sendo que são estes os dados que são reportados no primeiro formulário que é enviado à autoridade marítima sobre o gerenciamento da água de lastro, e, a segunda troca, que é feita obrigatoriamente no Fundeadouro de Macapá, quando se adentra a Amazônia pela foz do Rio Amazonas, na qual se despeja a água oceânica e capta-se a água doce/salobra do referido Rio, sendo esses dados reportados no segundo formulário que é enviado à autoridade marítima local.

Nesse ponto em específico, apurou-se um importante erro procedimental que se pretende ver corrigido por meio da adoção de novos procedimentos e mudanças legislativas. O problema ocorre, exatamente, no momento da fiscalização e análise da água de lastro realizada a bordo do navio.

Após a realização de dez visitas aos navios fundeados no Fundeadouro da Fazendinha, no período compreendido entre 18/10/2011 a 20/12/2011, em acompanhamento aos agentes da autoridade marítima em suas fiscalizações quanto ao gerenciamento da água de lastro contida em seus tanques/porões, pode-se verificar sempre o mesmo procedimento por parte dos agentes os quais, indagados a respeito dos procedimentos adotados, informaram que seguiam sempre a mesma rotina e padrões da NORMAN-20/DPC. Os testes realizados nos tanques de água de lastro dos navios que ali aportam, são realizados apenas depois da segunda troca de água de lastro, já no Fundeadouro da Fazendinha, quando a água salgada já foi expulsa dos tanques de água de lastro e absorvida a água doce//salobra do rio, sendo que a análise de salinidade da água se dá apenas para verificar que nos tanques há água doce/salobra, assim podendo continuar a viagem pelo Rio Amazonas adentro.

Embora constatado que é água doce/salobra a constante nos tanques/porões dos navios e que, em tese, ela foi captada no próprio rio, torna-se impossível verificar se a primeira troca se deu realmente a pelo menos 200 milhas náuticas da costa ou se foi feita irregularmente, uma única vez no Fundeadouro de Macapá, depositando-se a água captada em um porto cuja realidade hidrográfica é diferente da realidade lá existente, ou seja, captando, ato contínuo, a água doce do rio, podendo, por conseguinte, proporcionar um desastre ecológico em virtude do deslastre irregular da água de lastro.

A NORMAN-20/DPC, quanto à fiscalização e controle do gerenciamento da água de lastro, tem uma tipicidade aberta, deixa um vácuo legal, no sentido de não estabelecer, em minúcias e com rigor, em que momento deve ser feito a análise da salinidade da água contida nos tanques dos navios e a confrontação com os dados de lastro/deslastro informados nos formulários de preenchimento obrigatórios enviados à autoridade marítima.

Da forma com que a fiscalização vem sendo conduzida, em virtude das próprias lacunas existentes na norma da autoridade marítima e caso o comandante do navio cometa irregularidades no gerenciamento da água de lastro, fazendo apenas uma troca já nos limites do fundeadouro, expulsando lastro admitido em um porto distante e admitindo a água do rio onde o fundeadouro está localizado, ou ainda pior, não realizando nenhuma operação de gerenciamento de lastro, mantendo a água captada de um porto longinquo a bordo de seus tanques e adentrando a bacia amazônica, não se terá nunca a certeza de que ocorreu o correto gerenciamento da água de lastro, e com isso o afastamento de seus riscos. Isso se dá em virtude da salinidade da água do porto distante na qual foi captada a água de lastro ter os mesmos baixos índices de salinidade da que teria sido captada no próprio fundeadouro de Macapá, o que poderia gerar um erro ou engodo da fiscalização nacional.

Daí a importância dos agentes da autoridade marítima fazerem a fiscalização e constatação dos dados constantes do formulário da água de lastro, bem como a análise dela, *in loco*, obtidas por meio de amostras extraídas por eles nos próprios tanques de água de lastro quando ainda contiverem a água oceânica. Somente assim se poderá constatar que foi realizada a troca oceânica, devido à maior salinidade apresentada, sendo neste momento autorizado a fazer o segundo deslastre, depositando a água oceânica de seus tanques no rio e captando água deste,

GERENCIAMENTO E CONTROLE DA ÁGUA DE LASTRO E A RESPONSABILIDADE CIVIL

podendo prosseguir viagem amazônia a dentro, tendo assim praticado o correto gerenciamento desejado por todos os envolvidos no sistema.

Apenas com o fito de reforçar a tese acima desenvolvida, cita-se, novamente, o exemplo do procedimento adotado no Canadá, na qual os inspetores dos navios vão a bordo e lá fazem testes da qualidade da água de lastro. O teste que se aplica é o mesmo sugerido pela IMO, ou seja, colhe-se uma pequena amostra da água de lastro contida nos tanques do navio e mede-se a salinidade por meio de um refratômetro. Caso a salinidade da água do tanque seja maior do que 36,5 PPM, na Escala de Salinidade Prática, indicará que aquela água é de meio oceânico, significando dizer que o navio cumpriu o procedimento de troca de água de lastro oceânica. Cumpre-se salientar que a fiscalização, adequadamente, é realizada antes de se fazer o deslastre, possibilitando a confrontação dos dados da análise da água dos tanques, com o que foi informado no formulário preenchido e enviado com antecedência à autoridade marítima do país. Caso seja observada qualquer irregularidade, altas multas são aplicadas aos navios.

Aliado à ineficácia da fiscalização, tem-se ainda um profundo desconhecimento da flora e fauna aquáticas naturais das regiões dos portos e terminais portuários brasileiros. O seu conhecimento permitiria estabelecer quais seriam os micro-organismos típicos da região, o que facilitaria a identificação de outros exóticos inseridos naquele contexto, mas o que se encontra são apenas estudos científicos pontuais que, embora importantes, não permitem uma análise global, sistemática, interligada e mais profunda do problema ora posto.

As Diretrizes da IMO, para o gerenciamento da água de lastro dos navios, encorajam os Estados Membros a realizarem pesquisas biológicas em seus portos e disseminarem amplamente os resultados de suas investigações, de forma a minimizarem as chances de transferência de espécies introduzidas já conhecidas, porém, por não haver um dever legal imposto, muito pouco tem sido realizado a respeito do tema.

Assim, a proposta que se faz e que deveria ser objeto de alteração da NORMAN--20/DPC, é no sentido de que a fiscalização a bordo dos navios, dentro do país, envolva análise dos micro-organismos contidos na água de lastro, bem como a análise de sua salinidade. Dessa forma, poderia-se confrontar micro-organismos que são naturais da região com eventuais micro-organismos exóticos inseridos irregularmente no contexto hidrográfico por meio da água de lastro, bem como, quanto à salinidade, se o gerenciamento foi realizado corretamente.

A análise destes micro-organismos e da salinidade deverá ser realizada, obrigatoriamente, antes da segunda troca ocorrer (somente para a bacia amazônica) para se ter a oportunidade de se constatar a veracidade das informações prestadas no formulário apresentado. Caso não estejam em conformidade com o que a legis-

O DIREITO HUMANO E FUNDAMENTAL AO MEIO AMBIENTE SADIO

lação proconiza, abrir-se-á a oportunidade de se aplicar as penalidades administrativas, civis e criminais que as condutas aspirarem. Para isso, será necessário aparelhar melhor as entidades responsáveis pela atividade de fiscalização, com técnicos especializados e instrumentos de medição aptos a apontar o objeto das análises, tornar possível e viável a análise de micro-organismos da água de lastro juntamente com a análise de salinidade que já é realizada, modificando-se o momento em que estes testes são feitos, ou seja, devem ser realizados antes da segunda troca de água de lastro, na região amazônica.

Para tanto, cada região portuária nacional deverá fazer análises em suas águas com o fim de determinar quais são os micro-organismos naturais de cada região portuária, a fim de se criar um banco de dados nacional que consolidaria todas essas informações e as disponibilizaria a todos, facilitando-se, assim, a detecção de micro-organismos invasores, bem como fomentaria a pesquisa científica em busca de se melhorar a gestão da água de lastro.

Com as referidas propostas de alteração da legislação vigente, espera-se ter contribuído para uma melhor articulação do sistema de gerenciamento nacional da água de lastro, em especial, para o ambiente aquático da bacia amazônica.

3. A Responsabilidade Civil dos Operadores do Sistema de Gerenciamento de Água de Lastro

Os operadores do sistema de gerenciamento de água de lastro, no exercício de suas atribuições, ao deixar de observar os cuidados necessários para um deslastre correto da água de lastro, podem causar danos ao meio ambiente, implicando na necessidade de responsabilizá-los.

As condutas consideradas lesivas ao meio ambiente, conforme preconiza a Constituição Federal de 1988 (artigo 225, § 3º) (BRASIL, 1988), sujeitarão os infratores, seja pessoa física ou jurídica, à tríplice responsabilização, ou seja, gerará responsabilidade administrativa, penal e civil.

A responsabilidade administrativa consta do item 1.4 deste trabalho. Quanto à responsabilidade penal, embora não seja objeto dessa pesquisa, é importante esclarecer que, a partir da Lei 9.605/98, os delitos contra o meio ambiente passaram a ter disciplina própria, reunindo num mesmo diploma, crimes contra a fauna, flora, a prática de poluições, contra o ordenamento urbano e o patrimônio cultural, punindo não só o agente que pratica atos contra a natureza, mas também o mandatário.

Antes de se apontar a existência de responsabilidade civil dos operadores do sistema de água de lastro, torna-se importante a análise da origem e evolução da responsabilidade civil, o que será abordado nos itens seguintes.

Explicar-se-á em seguida a existência da responsabilidade civil dos operadores do sistema de água de lastro no âmbito nacional e internacional, a implicar no dever de reparar um dano ambiental, bem como no dever de proteger e cuidar do meio ambiente marítimo e aquático e, por consequência, da própria sobrevivência humana e existência da biodiversidade.

3.1. Responsabilidade Civil: Conceito e Evolução

O termo "responsabilidade" é relativamente novo, pois começou a ser utilizado apenas no final do século XVIII, empregado por filósofos nas línguas européias, consolidando-se no século XIX, uma vez introduzida no dicionário da academia francesa de 1898. Lembra Gazzaniga (1997, p. 5) que a palavra "responsabilidade" não existia no direito romano, porém a 'coisa' já.

Custódio (2006, p. 37) preleciona que num primeiro aspecto da linguagem comum a expressão "responsabilidade" "(...) refere-se ao dever de cada um, no sentido de determinar a própria conduta, de acordo com as normas e os preceitos."

Nesse sentido Mazeaud et al. (1997, p. 464) salientam que:

> Não é qualquer responsabilidade que gerará reflexos para o mundo jurídico. Somente as derivadas de normas jurídicas é que importam para o direito, produzindo a responsabilidade jurídica em seu sentido mais amplo, cujo objetivo é assegurar a harmonia necessária ao livre desenvolvimento das relações dos indivíduos. Restam, então, afastadas as responsabilidades de cunho moral e religioso, em que o responsável responde diante de Deus e de sua consciência.

Complementa Dias (2006, p. 4) que:

> Responsável, responsabilidade e os demais vocábulos cognatos exprimem ideia de equivalência de contraprestações, sendo possível identificar uma noção de responsabilidade no sentido de repercussão obrigacional do comportamento humano.

A responsabilidade civil é resultado da ação pela qual o homem expressa o seu comportamento em face desse dever ou obrigação (Stocco, 2004). Utilizando as palavras de Mazeaud e al. (1997, p. 463), "uma pessoa será civilmente responsável quando tiver obrigada a reparar um dano sofrido por outrem."

Em face da importância dos aspectos históricos que deram origem ao tema e para que se possa posteriormente se compreender a importância da adoção da responsabilidade civil objetiva, em caráter genérico, bem como da teoria do risco criado pelo Código Civil de 2002 e suas consequências para os demais ramos do Direito, especialmente para o Direito Ambiental, faz-se necessário esboçar um breve histórico acerca da evolução da matéria, desde a formação, evolução e transformação da responsabilidade civil.

Nos primórdios, a reparação do dano escapava ao âmbito do direito, já que contra o mal sofrido prevalecia a reação desordenada da vítima, como uma resposta natural e espontânea, consistente na reparação do mal pelo próprio mal.

A vingança privada deu origem à Lei do Talião (Código de Hamurabi, em 1780 a.C., no Reino da Babilônia), quando o Estado sentiu a necessidade de controlar os conflitos sociais, sob pena de admitir a sua generalização e perpetuação. Então, com o intuito de garantir um mínimo de ordem pública, visando o sadio e regular desenvolvimento da sociedade, o Estado passou a disciplinar as condições segundo as quais reconhecia o exercício do direito de retaliação, prevalecendo a máxima "olho por olho, dente por dente, vida por vida".

Posteriormente, percebeu-se que a vingança gerava mais vingança, duplicava o dano, em que ao invés de um, dois eram os sujeitos lesados. A Lei do Talião produzia uma sociedade de cidadãos mutilados, e impedia ou dificultava o próprio desenvolvimento econômico e social, levando a conclusão no sentido de que a compensação econômica do dano era capaz de realizar a finalidade objetivada pela responsabilidade civil.

Dias (1987, v. 1, p. 20) esclarece que havia a impossibilidade de cobrar a retaliação do dano causado involuntariamente, devido à impossibilidade de se repetir, como forma de vingança, um ato que não havia sido produzido de forma voluntária.

Na fase da vingança, a ideia de culpa não era cogitada, já que se dava relevância apenas à própria vingança, a qual exercia a função de resolver os problemas e pacificar os interesses das partes. Entretanto, aí já se esboçava uma perspectiva de composição do dano, já que a resposta era proporcional ao dano causado.

Aos poucos, o Estado observava que era, de forma indireta ou reflexa, atingido pelos danos causados na seara individual, já que acabavam acarretando a perturbação da ordem, a qual deveria ser mantida. A partir desta constatação surgiu a classificação dos delitos em públicos e privados. Houve, assim, uma evolução, já que a justiça exclusivamente punitiva foi superada pela justiça distributiva, e o Estado substituiu o particular na tarefa de punir o causador do dano.

O Estado, além de regular a punição às infrações cometidas que o atingiam de forma direta, passou a regrar as relações decorrentes da violação a interesses exclusivamente particulares.

Nesse rumo, Dias (1987, v. 1, p. 21) informa que, no momento em que o Estado assumiu a função repressiva, surgiu a concepção de responsabilidade civil e foi criada a ação de indenização, despontou assim, a responsabilidade civil ao lado da responsabilidade penal.

Leciona Machado (2004, p. 322) que o termo "responsável" somente foi utilizado depois o século XVIII, através do termo *responsum*, derivado de *respondere*. Este último termo origina-se de *sponsio*, instituição que tinha um papel central no Direito Romano. O sponsor era um devedor, que havia aceitado a proposta do estipulante e engajava-se numa prestação. O *responsor* consistia numa caução, que obrigava um indivíduo a responder pela dívida principal de outrem.

A análise da origem da expressão responsabilidade levou Machado (2004, p. 322) a concluir que no seu surgimento não havia, de forma alguma, a ideia de culpa.

Com o advento da Lei Aquília, no período republicano, de 286 a.C., começa a se traçar, em linhas gerais, o princípio da reparação do dano. Nela estava contido o ponto de partida para que se desenvolvesse jurisprudencialmente a moderna concepção de culpa.

A partir da ampliação jurisprudencial do capítulo da Lei Aquília que regulava o *danum injuria datum*, oriundo das lesões causadas a escravos, animais e coisas corpóreas, ampliou-se a noção de dano a outras hipóteses anteriormente não previstas, iniciando-se a elaboração do conceito de dolo. Passou-se a exigir a reparação de todo e qualquer dano causado por fato doloso.

O direito francês, aperfeiçoando as ideias surgidas em Roma, aos poucos estabeleceu os princípios gerais da responsabilidade civil, especialmente através dos seus tribunais os quais, inicialmente, consideravam imprescindível a configuração da culpa do agente causador do dano como pressuposto necessário à fixação de sua responsabilidade, adotando, em consequência, a teoria subjetiva.

Pereira (2001, p. 30) expressa que a teoria da responsabilidade subjetiva, desde a sua origem, fundou-se no princípio da autonomia da vontade, ou seja, cada indivíduo deveria suportar as perdas e os ganhos decorrentes da sua atividade, salvo se na origem do dano ocorresse uma culpa *lato sensu*.

Seguindo esse rumo, a culpa abrangeria o dolo e a culpa em sentido estrito. O dolo seria a intenção deliberada de causar o dano e a culpa em sentido estrito a falta de destreza, habilidade, diligência ou prudência, que causa prejuízo passível de ser previsto.

Somente a partir da segunda metade do século XIX, com o advento de intensas transformações sociais, provocadas, principalmente, pela Revolução Industrial e pelo consequente desenvolvimento tecnológico, responsável pela multiplicação dos riscos, foi que os doutrinadores do tema constataram que a aferição da conduta do autor de um ato ilícito, vale dizer, da sua culpa, não mais atendia à finalidade objetivada pela responsabilidade civil.

Inicialmente, tornou-se necessária a ampliação do conceito tradicional de culpa, visando-se evitar injustiças ou vítimas sem a devida reparação. Todavia, percebeu-se que até mesmo o alargamento do referido conceito era insuficiente para abranger as novas situações surgidas com o desenvolvimento da sociedade. Levou-se a imperiosa adoção de medidas que assegurassem o restabelecimento do equilíbrio nas relações sociais.

Essa consciência deu lugar ao surgimento de diversos posicionamentos que vieram a culminar nas teorias consagradoras da responsabilidade objetiva.

Tem-se, assim, que a responsabilidade objetiva foi fruto das constantes mutações sociais. O processo de industrialização, o surgimento de aglomerações urba-

A RESPONSABILIDADE CIVIL DOS OPERADORES DO SISTEMA DE GERENCIAMENTO

nas, dentre outros fatores, ocasionaram um estreitamento das relações humanas, multiplicaram as possibilidades de condutas humanas consideradas abusivas e ilícitas.

As causas produtoras do dano foram intensificadas e passaram a representar verdadeiras ameaças à segurança de todo e qualquer indivíduo. Os riscos se tornaram anônimos.

De qualquer sorte, verificou-se ser necessário lançar mão de princípios mais equânimes e menos herméticos que garantissem a preservação da ordem e da paz social, haja vista que o ato ilícito e o dano também ofendem a segurança jurídica.

Gera insegurança jurídica não somente à vítima direta, mas também a todos os indivíduos, o fato de alguém ter o seu patrimônio atingido por um ato danoso, sem que possa ser ressarcido, em virtude da impossibilidade de demonstrar a presença de culpa do seu causador. Acentua, neste sentido, Saleilles (apud SILVA, 1962, p. 34) que "Vale mais a certeza da responsabilidade brotada no risco que a incerteza gerada da culpa".

Na França, Saleilles surgiu, ao lado de Josserand, como um dos maiores defensores da responsabilidade objetiva, mas, enquanto o primeiro defendia a sua prevalência, o segundo entendia que ela representava mais um fundamento voltado ao ressarcimento do dano, e não acarretava a eliminação da teoria clássica ou subjetiva, com a qual, na sua compreensão, poderia conviver.

A responsabilidade civil necessita de constantes adaptações de suas normas devido às novas realidades que surgem dos fatos da vida, em decorrência das constantes transformações sociais que passa a sociedade.

Neste sentido Dias (1987, v. 1, p. 18):

> Para realizar a finalidade primordial de restituição do prejudicado à situação anterior, desfazendo, tanto quanto possível, os efeitos do dano sofrido, tem-se o direito empenhado extremamente em todos os tempos. A responsabilidade civil é reflexo da própria evolução do direito, é um dos seus mais acentuados característicos.

A responsabilidade, por sua vez, consiste na obrigação legalmente imposta ao indivíduo de assumir ou responder pelas consequências de determinados atos, comissivos ou omissivos, oriundos de sua conduta. Como bem lembra Silva (1962, p. 46) no âmbito específico do Direito, vinga o princípio, consagrado por Ulpiano na máxima *neminem laedere*, de que não se deve lesar a ninguém.

A doutrina costuma classificar o dever genérico de não lesionar direitos de outrem como dever jurídico originário, do qual decorre a responsabilidade, visualizada, em consequência, como um dever jurídico sucessivo e resultante de lesão do primeiro.

Trata-se de conceito abrangente, aplicável não somente à esfera civil, como aos demais campos do direito, a exemplo do Direito Penal, do Direito Administrativo e do Direito Tributário.

Em uma concepção clássica ou tradicional, a responsabilidade civil pressupunha a existência de violação a um interesse privado, ou seja, a um interesse particular, submetendo o infrator ao dever de recompor o patrimônio lesado ao *status quo ante* ou, quando isto fosse impossível, à compensação pecuniária.

Pereira (2001, p. 11) assevera que, a partir da conceituação da responsabilidade civil, surge a ideia de um sentimento social e humano que sujeita o causador de um mal à obrigação de repará-lo. São suas as seguintes afirmações:

> Como sentimento social, a ordem jurídica não se compadece com o fato de que uma pessoa possa causar mal a outra pessoa. Vendo no agente um fator de desequilíbrio, estende uma rede de punições com que procura atender às exigências do ordenamento jurídico. [...] Como sentimento humano, além de social, à mesma ordem jurídica repugna que o agente reste incólume em face do prejuízo individual. O lesado não se contenta com a punição social do ofensor. Nasce daí a ideia de reparação, como estrutura de princípios de favorecimento à vítima e de instrumentos montados para ressarcir o mal sofrido.

Tem-se, assim, presente no conceito da responsabilidade civil, a ideia da punição ao infrator, aliada ao caráter pedagógico da sanção e, ainda, à garantia de indenização à vítima.

3.1.1. Teorias da Responsabilidade Civil: Subjetiva e Objetiva

A teoria da responsabilidade subjetiva tradicional tem como fonte a conduta culposa do agente causador do dano. Há fortes divergências doutrinárias a respeito da origem do conceito de culpa. Alguns doutrinadores defendem que tal conceito não surgiu com a elaboração da *Lex Aquilia*, sendo, portanto, estranho ao seu texto.

Todavia, não se pode negar que as discussões doutrinárias e jurisprudenciais erigidas a partir desse diploma deram ensejo ao início da elaboração e da conceituação da ideia de culpa, pois, consoante demonstrado anteriormente, foi a partir da interpretação e do alargamento do *danum injuria datum* que se desenvolveu a teoria subjetiva.

A concepção de culpa surgiu no Direito Romano que, inicialmente, interessava-se somente pela apuração do dano, cuja verificação era suficiente para a imposição de uma punição ao seu causador. Entretanto, diante do surgimento de algumas dificuldades, a exemplo da hipótese de danos provocados por um demente incapaz ou por um menor, percebeu-se a necessidade de se introduzir um novo fator no conceito de responsabilidade.

A partir de então, inseriu-se o elemento culpa no conceito de responsabilidade civil, o que foi desenvolvido no curso da Idade Média. Os conceitos assentados no direito romano influenciaram de forma decisiva a doutrina francesa, com reflexos na elaboração do Código de Napoleão, de 1804, e, consequentemente, na maior parte da legislação promulgada em momento posterior, que sofreu a sua influência, como ocorreu com o revogado Código Civil Brasileiro de 1916 e, de forma atenuada, com o Código Civil de 2002.

A dificuldade na elaboração de um conceito de culpa foi sentida e manifestada pelos irmãos Mazeaud, quando verificaram a tendência da doutrina em aliar a noção técnica da responsabilidade civil à obrigação de reparar o prejuízo sofrido por uma pessoa, independentemente da identificação do nexo de causalidade.

Com efeito, ocorrendo o fato danoso, verifica-se se houve uma conduta culposa do agente mediante a comparação da sua atuação com aquela que seria adotada, nas mesmas circunstâncias, pelo homem médio.

A culpa, então, somente restará caracterizada quando, em consequência desta comparação, chegar-se à conclusão de que o autor da ação omitiu-se no cumprimento do dever de cuidado, ao atuar com imperícia, imprudência ou negligência e, por isso, causando dano a outrem e devendo ser responsabilizado.

Durante séculos, a doutrina construiu o conceito de responsabilidade civil fundada na Teoria da Culpa, reconhecendo apenas a responsabilidade subjetiva, âmbito no qual o conceito de ato ilícito adquire grande relevância.

Na doutrina da responsabilidade subjetiva, a noção de ato ilícito adquire fundamental importância, porque erigida à categoria de pressuposto da obrigação de indenizar, cujo conceito reivindica a configuração de um comportamento culposo do agente (culpa em sentido amplo), absorve, em seu âmbito, não apenas a culpa propriamente dita como também o dolo.

A responsabilidade civil subjetiva pressupõe a configuração da antijuridicidade. Portanto o ato ilícito causador de dano a outrem, por culpa em sentido amplo ou independentemente da sua ocorrência, é a materialização da violação a esse direito.

A norma de conduta violada tanto pode ser legal como contratual. A sua inobservância gera um impacto e causa um desequilíbrio social, e pode resultar de imprudência, imperícia ou negligência (culpa em sentido estrito) ou de uma conduta consciente e deliberada do agente, no que diz respeito ao resultado (dolo). Essas são as formas de manifestação da culpa, na esfera civil.

No âmbito civil, o conceito de culpa tem natureza unitária, não obstante existência de suas diversas modalidades. Em todos os casos antes referidos haverá violação a um dever pré-existente, consistente em um erro de conduta.

Diante das transformações sociais, os juristas perceberam a necessidade de utilização de princípios novos, mais equânimes e adaptados aos novos problemas perante os quais se deparavam, capazes de permitir a adoção de uma solução mais justa para os conflitos instaurados na esfera da responsabilidade civil. Assim, buscaram meios de ultrapassar a sólida barreira da culpa, que era exigida, de modo exclusivo no passado.

Para tanto, iniciou-se a flexibilização ou dilatação do conceito de culpa, com o intuito de abranger, na esfera da responsabilidade civil, situações anteriormente não previstas pelo legislador. Aos poucos, essa evolução foi caminhando em direção ao reconhecimento da necessidade de aplicação da responsabilidade objetiva, consoante será demonstrado a seguir.

A responsabilidade objetiva consiste na imputação do dever de indenizar independentemente da análise da conduta adotada por alguém que causou dano a outrem e deve repará-lo. Afasta-se, assim, a possibilidade de fazer-se uma análise da conduta ou atuação do agente. Subtrai-se, portanto, o elemento culposo para a aferição da conduta lesiva.

A pessoa que, em razão de seus próprios interesses, desenvolve uma atividade capaz de criar um risco de dano a terceiros, terá de repará-lo, quando o mesmo restar configurado. Nesse caso, o dano emerge do próprio fato que lhe deu origem, violando direito alheio, tornando irrelevante e dispensável a análise da culpabilidade do agente.

A questão passa a ser examinada tão somente sob o ponto de vista da autoria, do dano e do nexo de causalidade entre este e a atividade de risco encetada pelo seu causador, dispensando-se a análise da existência de culpa.

Desse modo, o caso fortuito, a força maior e a culpa exclusiva da vítima excluem a responsabilidade civil, exatamente porque provoca o rompimento desse nexo de causalidade, sendo assim consideradas excludentes de responsabilidade.

Com ressalva da culpa, os elementos da responsabilidade objetiva são os mesmos encontrados na teoria clássica, a saber: uma conduta, positiva ou negativa de determinado agente, o dano e o nexo de causalidade entre estes dois últimos e aquela.

A noção de risco decorrente do exercício de determinada atividade possui fundamental importância. Nas hipóteses em que a responsabilidade objetiva encontra-se expressamente prevista em lei, a presença do risco inerente à atividade ou a própria coisa é previamente reconhecida pelo ordenamento, em virtude de fatos extraídos da própria experiência comum dos homens, a exemplo do que ocorre com o dono ou o detentor do animal ou do proprietário de edifício ou de obra em construção pelos prejuízos que, assumindo essas qualidades, causem a terceiros.

Nas palavras de Gonçalves (2003, p. 255) a atividade de risco deve ser entendida como:

> [...] aquela que contenha em si uma grave probabilidade, uma notável potencialidade danosa, em relação ao critério da normalidade média e revelada por meio de estatísticas, de elementos técnicos e da própria experiência comum.

Em outras situações, caberá ao aplicador do direito, diante de um fato concreto, decidir se a atividade normalmente desenvolvida pelo responsável civil implica, por sua natureza, riscos aos direitos de outrem ou não.

Objetivando justificar a aplicação da responsabilidade objetiva, em torno da ideia central do risco, Silva (1962, p. 60) alerta que:

> Inúmeras orientações surgiram buscando fundamentar a sua adoção, a exemplo da equidade genérica, do dever de segurança, do dever de garantia, do risco proveito, do risco amplo, do risco criado, do risco determinado por energias acumuladas e do risco profissional, sendo que dentre elas, as que mais se destacaram foram a do risco proveito e do risco criado.

Segundo a teoria do risco, o risco proveito está fundado no princípio *ubi emolumentum ibi onus*, que se traduz na responsabilidade daquele que tira proveito ou vantagem do fato causador do dano e é obrigado a repará-lo.

Se a atividade econômica desenvolvida gera riqueza ao seu empreendedor e a possibilidade de dano a quem executa o serviço, nada mais justo que, no caso de dano, ainda que ausente a culpa ou dolo, haja responsabilidade pelos danos ocasionados da exploração de uma atividade. Portanto, quem cria riscos potenciais de dano para os outros, deve suportar os ônus correspondentes.

Entretanto, essa teoria sofria críticas e indagava-se qual o sentido da palavra "proveito". Os opositores Mazeaud et al. (apud ALONSO, 2000, p. 64) afirmaram que:

> A teoria do risco proveito é puramente negativa, confundindo-se com a teoria do risco integral, e sustentaram, ainda, que o conceito de proveito seria em sentido amplo, ou seja, que traria vantagens a toda e qualquer atividade.

Também Lima (1960, p. 212) afirma que:

> Outro argumento contra à teoria do risco, seria da alegação de que na ausência de proveito ao agente causador do dano, não haveria motivo para indenização, porém a concepção é demasiadamente superficial, porque o proveito não é determinado apenas pelo interesse de ordem pecuniária ou moral, mas sim, tido como finalidade criadora do risco.

Já a teoria do risco criado, baseada em qualquer atividade ou ato humano que possa gerar danos aos demais, independe do aspecto econômico ou profissional surgindo, assim, à obrigação de indenizar.

Facchini Neto (2003, p. 159) refere que:

> Dentro da teoria do risco-criado, destarte, a responsabilidade não é mais a contrapartida de um proveito ou lucro particular, mas sim a consequência inafastável da atividade em geral. A ideia de risco perde seu aspecto econômico, profissional. Sua aplicação não mais supõe uma atividade empresarial, a exploração de uma indústria ou de um comércio, ligando-se, ao contrário, a qualquer ato do homem que seja potencialmente danoso à esfera jurídica de seus semelhantes. Concretizando-se tal potencialidade, surgiria a obrigação de indenizar.

Complementa Alonso (2000, p. 12) ao sustentar que:

> A noção central da teoria do risco criado está no elemento perigo, existente em algumas atividades, em razão da sua natureza ou dos meios utilizados, está inserido, sujeitando o homem a riscos de toda ordem, inclusive sua própria vida.

Neste rumo encontra-se Pereira (2001, p. 285) para quem a teoria do risco criado:

> "importa em ampliação do conceito de risco proveito. Aumenta os encargos do agente, é, porém, mais equitativa para vitima, que não tem de provar que o dano resultou de uma vantagem ou de um benefício obtido pelo causador do dano. Deve este assumir as consequências de sua atividade.
>
> Diante da teoria do risco criado, conclui-se que ela é mais abrangente do que a teria do risco proveito, pois, aumenta os encargos do agente, que não tem que provar que o dano resultou de uma vantagem ou de um benefício obtido pelo causador do dano.

Vários foram os opositores da teoria do risco, entre eles os irmãos Mazeaud, Joseph Rutsaert, Ripert, Colin e Capitant, Venzi, Defroidmonte, Brasiello entre outros, qualificados em dois grupos: os que reconheciam a existência da obrigação de reparação sem culpa, tratando-se apenas de uma simples garantia e não de responsabilidade; e os que negavam a reparação do dano, e para tal, seria necessário uma lei especial ou um contrato.

Ao se referir às críticas efetuadas pelos opositores, como também aos defensores da teoria do risco, Dias (1973, p. 84-85) faz um contraponto diante de tais posições doutrinárias:

> Meditando nisso, hão de concluir os espíritos democráticos que a situação desejável é a do equilíbrio, onde impere a conciliação entre os direitos do homem e

seus deveres para com os seus semelhantes. O conflito de interesses não é permanente, como quer fazer crer a doutrina extremista, mas ocasional. E quando ele ocorra, então, sem nenhuma dúvida, o que há de prevalecer é o interesse da coletividade. Não hesitamos em consentir na amputação do membro que põe em risco a nossa vida. Não podemos, por qualquer motivo, permitir que o direito do indivíduo todo-poderoso atinja, não outro indivíduo, mas toda a coletividade. Na doutrina do risco nitidamente democrática, não se chega jamais à conseqüência de afirmar o principio, aparentemente individualista, mas, em essência, de sentido oposto, nitidamente autocrático, de que o direito de um pode prejudicar a outro, pode ultrapassar as raias da normalidade e fazer do seu titular um pequeno monarca absoluto.

A partir da responsabilidade civil objetiva, surge a ideia de garantia, isto é, a reparação de um dano sofrido pela vítima. Entretanto, o problema não deve ser colocado no plano da culpa, nem do risco.

Segundo a teoria da garantia, a responsabilidade da pessoa que comete o dano está diretamente vinculada à obrigação de indenizar a vítima sob dois pontos: ou porque cometeu uma falta, ou então, porque retira proveito do ato praticado. Facchini Neto (2003, p. 160-161) diz que:

> O fato é que a teoria da responsabilidade civil comporta tanto a culpa como o risco. Um como o outro devem ser encarados não propriamente como fundamentos da responsabilidade civil, mas sim como meros processos técnicos de que se pode lançar mão para assegurar às vítimas o direito à reparação dos danos injustamente sofridos. Onde a teoria subjetiva não puder explicar e basear o direito a indenização, deve-se socorrer da teoria objetiva. Isto porque, numa sociedade realmente justa, todo dano deve ser reparado.

A tendência da vida moderna é de, cada vez mais, afastar-se da ideia fundada na noção de culpa, chamada de subjetiva, estendendo-se o conceito de responsabilidade até aos casos em que o dano resulta da prática de ato lícito, atribuindo dessa forma, o dever de indenizar, independentemente da comprovação do erro de conduta do agente causador.

Venosa (2004, p. 182) salienta que:

> Reparar o dano, qualquer que seja sua natureza, significa indenizar, tornar indene o prejuízo. Indene é que se mostra íntegro, perfeito, incólume. O ideal de justiça é que a reparação de dano seja feita de molde que a situação anterior seja reconstruída: quem derrubou o muro do vizinho deve refazê-lo; quem abalroou veículo de outrem por culpa deve repará-lo; o dono de gado que invadiu terreno vizinho, danificando pomar, deve replantá-lo e assim por diante.

E, segundo Vieira (2004, p. 88):

> Responsabilidade objetiva sustenta em si a noção de seguridade geral, pelo controle do fato tido como causa do dano, para que todos possam suportar os prejuízos que venham a recair sobre qualquer um de nós, a título de riscos da vida em uma sociedade desenvolvida, massificada e com crescente aumento dos acidentes de trabalho, de trânsito e de transporte de consumo, das atividades estatais, ambientais, minerais, dentro outras.

Nesse rumo, segue que a reparação do dano sofrido pela vítima está ligada diretamente à ideia de garantia, seja pela indenização individual ou pela socialização dos riscos existentes no mundo atual.

3.1.2. A Responsabilidade Civil Subjetiva e Objetiva no Direito Brasileiro

O Código Civil Brasileiro de 1916 adotava a teoria subjetiva da responsabilidade civil, em que a obrigação de indenizar e de reparar o dano era consequência juridicamente lógica do ato ilícito.

Gagliano e Pamplona Filho (2004, p. 14) salientam que:

> O Código Civil Brasileiro de 1916 filiou-se à teoria subjetiva para a composição das regras jurídicas acerca da responsabilidade civil derivada da culpa, demonstrado através da primeira parte do art. 159. *"Aquele que, por ação ou omissão voluntária, negligência, ou imprudência, violar direito, ou causar prejuízo a outrem, fica obrigado a reparar o dano".*

Complementa Silva (1974, p. 67) ao fazer referência ao regime civil do Código de 1916 adotado no Brasil que, "muito embora elaborado e promulgado, ele em plena efervescência da ideia nova da responsabilidade sem culpa, acabou por acolher, em tese, o princípio da culpa clássica", influenciado principalmente pelo Código Francês de 1804.

Entretanto tal posicionamento não impediu ao legislador anterior que, em passagens esparsas, houvesse considerado a adoção da responsabilidade objetiva, baseada no risco e não na culpa. O foco primordial de atenção deslocou-se, de uma preferência por atender o interesse do responsável, por meio da exoneração de sua responsabilidade, para o interesse da vítima e seu direito de ser ressarcida.

Nesse contexto, foram editadas várias leis especiais que adotaram a responsabilidade civil objetiva, dentre elas o Decreto nº 2.681, de 1912 (responsabilidade das estradas de ferro por danos causados aos proprietários marginais), Lei nº 5.316, de 1967, o Dec. nº 61.784, de 1967, Lei nº 8.213, de 1991 (a legislação de acidentes de trabalho), Lei nº 6.194, de 1974 e Lei nº 8.441, de 1992 (seguro obrigatório de acidentes de veículos, cabendo à seguradora pagar o valor previsto, independente de culpa do motorista), Lei nº 6.938, de 1981 (referente aos danos causados ao meio ambiente), Lei nº 8.078, de 1990 (Código de defesa do consumidor), entre outras.

Após a entrada em vigor do Código Civil Brasileiro de 2002, afirma Facchini Neto (2003, p. 165) que "a responsabilidade subjetiva continua sendo o fundamento básico de toda a responsabilidade civil: o agente só será responsabilizado, em princípio, se tiver agido com culpa".

Consta no parágrafo único do art. 927 do novo Código Civil, segundo o qual *"haverá obrigação de reparar o dano, independente de culpa, nos casos especificados em lei, ou quando a atividade normalmente desenvolvida pelo autor do dano implicar, por sua natureza, risco para os direitos de outrem"*, foi adotada a teoria do risco criado.

Ao lado da responsabilidade civil decorrente do ilícito civil ou do abuso de direito, inseridas nos arts. 186 e 187, referindo-se à ideia de culpa, em determinados casos analisados pelo magistrado, poderá reconhecer a responsabilidade civil do infrator, sem a indagação de culpa, isto é, responsabilidade civil objetiva, por meio de duas situações: a primeira refere-se aos casos especificados em lei, e a segunda, quando a atividade normalmente desenvolvida pelo autor do dano implicar, por sua natureza, risco para os direitos de outrem.

Assim, a responsabilidade civil vem, cada vez mais, se moldando com o passar do tempo, seja pelas inúmeras modificações tecnológicas que surgem, seja pela grande capacidade que o homem tem de desenvolver novos produtos, serviços e formas de trabalho, resultando num crescimento muitas vezes desordenado.

Nesse sentido, a legislação embora não alcance todos os fatos possíveis decorrentes da existência da responsabilidade civil, a jurisprudência tem compensado esta incapacidade, e, porque não dizer, possui o compromisso de satisfazer ou tentar resolver as inúmeras situações novas que surgem no mundo contemporâneo.

Assim, a responsabilidade civil subjetiva aprimorou-se a passos lentos, ocasionando uma mudança gradativa até chegar a um sistema misto, no qual coexistem a responsabilidade subjetiva e a responsabilidade objetiva, aplicando ao caso concreto a forma mais correta que atenda aos anseios de justiça e da proteção da vítima.

3.2. A Responsabilidade Civil Ambiental dos Operadores do Sistema de Água de Lastro no Âmbito Nacional

A Constituição Federal de 1988, em seu artigo 225, parágrafo terceiro, estabelece a responsabilidade civil pelos danos causados ao meio ambiente como objetiva, a ensejar na desnecessidade de comprovação de dolo ou culpa no evento danoso e assim dispõe: "As condutas e atividades lesivas ao meio ambiente sujeitarão os infratores, pessoas físicas ou jurídicas, a sanções penais e administrativas, independentemente da obrigação de reparar os danos causados".

Percebe-se que aquele que se beneficiar da atividade de risco deverá arcar com suas consequências. Nesse sentido, é o alerta de Gonçalves (2003, p. 8), ao afirmar que "quem aufere os cômodos (ou lucros), deve suportar os incômodos".

Ademais, deve sempre prevalecer o interesse da coletividade em ter um meio ambiente sadio e equilibrado.

Rodrigues (2008, p. 11) define a responsabilidade civil objetiva como aquela em que a atitude do agente causador do dano tem menor relevância, justamente porque o dever de indenizar prescinde da análise da culpa ou dolo, dependendo, tão somente, da existência da relação de causalidade entre o dano experimentado pela vítima e o ato do agente.

Quanto ao surgimento da responsabilidade objetiva, Pereira (2001, p. 6) informa que:

> A insatisfação com a teoria subjetiva tornou-se cada vez maior, e evidenciou-se sua incompatibilidade com o impulso desenvolvimentista de nosso tempo. A multiplicação das oportunidades e das causas de danos evidenciaram que a responsabilidade subjetiva mostrou-se inadequada para cobrir todos os casos de reparação. Esta, com efeito, dentro da doutrina da culpa, resulta da vulneração de norma preexistente, e comprovação de nexo causal entre o dano e a antijuridicidade da conduta do agente.

Há grande discussão doutrinária quanto à aplicação ou não da teoria do risco integral para a reparação dos danos ambientais.

A teoria do risco integral não admite a previsão de excludentes do dever de indenizar, a ocorrência de caso fortuito e/ou força maior, ação de terceiros ou mesmo cláusula de não indenizar. Desse modo, para responsabilizar o agente degradador do meio ambiente, basta a demonstração do dano e do nexo de causalidade.

Em oposição à teoria do risco integral está a teoria do risco proveito, do risco criado ou do risco administrativo, que traduzem a necessidade de responsabilidade civil como decorrência da atividade do próprio causador do dano, consagrando o dever de indenizar pelo exercício de certo empreendimento ou conduta exercida, mas admite a previsão de referidas excludentes.

Milaré (2010, p. 958-961) acrescenta que, no regime de responsabilidade civil objetiva por dano ambiental, encontra-se a teoria do risco da atividade, bastando a demonstração do evento danoso e do nexo de causalidade com a fonte poluidora. Aponta, ainda, que a adoção da teoria do risco integral decorre da responsabilidade objetiva e traz como consequências para a ocorrência do

A RESPONSABILIDADE CIVIL DOS OPERADORES DO SISTEMA DE GERENCIAMENTO

dever de indenizar, a dispensa da investigação da culpa, a irrelevância da licitude ou não da atividade e a não aplicação das causas excludentes da responsabilidade civil.

Igual posicionamento encontra-se na doutrina de Benjamin (1998, p. 5-52), Lyra (1997, p. 49-83), Machado (2004, p. 326-327), Silva (2000). Em sentido contrário, pode-se apontar, Mazzilli (1994, p. 503), Freitas (2000, p. 326) e Porto (1998, p. 7-9).

De qualquer sorte, ocorrido o dano ambiental, incide a responsabilidade objetiva na punição, recomposição e reparação.

Silveira (1988, p. 134) nos ensina que:

> A responsabilidade civil objetiva por dano ambiental surgiu pela primeira vez no Decreto 79.437/77, que promulgou a Convenção Internacional sobre Responsabilidade Civil Objetiva por danos causados por poluição por óleo, de 1969. Em seguida, foi promulgada a Lei 6453/77 que em seu artigo 4º, "caput", acolheu a responsabilidade objetiva relativa aos danos provenientes de atividade nuclear.

A lei nº 6.938/81 (BRASIL, 1981), que dispõe sobre a Política Nacional do Meio Ambiente, foi recepcionada pela Constituição Federal de 1988 e erigiu a responsabilidade objetiva como fundamento da responsabilização civil pelos danos ambientais. Nesse sentido, dispõe o seu art. 14, § 1º:

> Sem obstar a aplicação das penalidades prevista neste artigo, é o poluidor obrigado independentemente da existência de culpa, a indenizar ou reparar os danos causados ao meio ambiente e a terceiros afetados por sua atividade [...].

Para Instrumentalizar o direito de reparação, a Lei nº 7.347/85 introduziu a Ação Civil Pública de responsabilidade por danos ao meio ambiente, seguida da Lei nº 8.625/93 a qual instituiu a lei orgânica do Ministério Público, e, igualmente possibilitou o ajuizamento da ação civil pública por danos ao meio ambiente. Esses instrumentos legais e, por conseguinte, o próprio direito de reparação por danos ambientais foram fortalecidos pela Lei nº 9.433/97, que institui a Política Nacional de Recursos Hídricos "lei das águas" e Lei nº 9.605/98, que dispõe sobre as sanções penais e administrativas derivadas de condutas e atividades lesivas ao meio ambiente.

Machado (2004, p. 326-327), preleciona que sobre a responsabilidade objetiva ambiental:

> Significa que quem danificar o ambiente tem o dever jurídico de repará-lo. Presente, pois, o binômio dano/reparação. Não se preocupa a razão da degradação para que haja o dever de indenizar e/ou reparar. A responsabilidade sem culpa tem incidência na indenização ou na reparação dos "danos causados ao meio ambiente e aos

terceiros afetados por sua atividade" (art. 14, § 1º da Lei 6.938/81). Não interessa que tipo de obra ou atividade seja exercida pelo que degrada, pois não há necessidade de que ela apresente risco ou perigo. Procura-se quem foi atingido e, se for o meio ambiente e o homem, inicia-se o processo lógico-jurídico da imputação civil objetiva ambiental. Só depois é que se entrará na fase do estabelecimento do nexo de causalidade entre a ação ou omissão e o dano. É contra o Direito enriquecer-se ou ter lucro à custa da degradação do meio ambiente.

O Código Civil de 2002, Lei nº 10.406/2002 (BRASIL., 2002), igualmente estabelece a responsabilidade civil objetiva, desprovida de dolo e de culpa, para os casos em que a atividade desenvolvida pelo autor do dano implicar, por sua natureza, risco para os direitos de outrem, como, por exemplo, o direito à saúde, à vida, à segurança entre outros, consoante o art. 927, parágrafo único em que:

> Haverá obrigação de reparar o dano, independentemente de culpa, nos casos especificados em lei, ou quando a atividade normalmente desenvolvida pelo autor do dano implicar, por sua natureza, risco para os direitos de outrem.

Dessa forma, a responsabilidade civil objetiva por dano ambiental implica em não se analisar, subjetivamente, a conduta causadora do dano, mas tão somente o nexo causal entre a lesão ao meio ambiente e a ação ou omissão do responsável pelo dano.

O deslastre da água dos navios pode acarretar diversos danos que devem ser evitados pelos agentes envolvidos no sistema de gerenciamento de água de lastro, os quais devem ser fiscalizados pelo poder público.

As embarcações devem adotar medidas práticas preventivas, bem como há de existir uma conferência da documentação pertinente ao gerenciamento da água de lastro pelas embarcações, que devem ainda, informar as autoridades responsáveis acerca do cumprimento ou descumprimento das normas.

O meio ambiente, "bem de uso comum do povo", deve ser objeto de tutela do particular e do Estado, o qual não está isento de participação na gestão da água de lastro e deve investir em estudos técnicos, capacitação de pessoal e no efetivo monitoramento das águas costeiras. O art. 174 da Constituição Federal de 1988 é claro na concepção de que "como agente normativo e regulador da atividade econômica, o Estado exercerá, na forma da lei, as funções de fiscalização, incentivo e planejamento (...)".

Toda a atividade portuária deve atuar de forma preventiva em todos os procedimentos atinentes à água de lastro, a fim de se evitar impactos ambientais. Os "custos sociais" e a "internalização dos custos" da atividade portuária devem ser suportados por todos os envolvidos no processo marítimo.

A RESPONSABILIDADE CIVIL DOS OPERADORES DO SISTEMA DE GERENCIAMENTO

O conjunto de normas que disciplinam o deslatre da água dos navios implica na necessidade de responsabilizar o proprietário do navio, o armador ou operador, o comandante, a pessoa física ou jurídica de direito público ou privado, que legalmente represente o porto organizado, a instalação portuária, a plataforma e suas instalações de apoio e o proprietário da carga, os quais, por suas ações ou omissões ocasionem danos ao meio ambiente.

Convém-se definir quem são as pessoas, físicas e jurídicas de direito público e privado, acima destacadas para uma melhor compreensão do assunto.

O armador ou operador, na terminologia da **marinha mercante**, é o nome que se dá à pessoa física ou jurídica que, por sua própria conta, promove a equipagem e a exploração de navio comercial, independente de ser ou não proprietário da embarcação. Sua renda provém normalmente da cobrança de **frete** para o transporte de cargas entre dois **portos** ou na **locação** da embarcação a uma taxa diária.

Em relação à propriedade da embarcação, para o **direito comercial**, o Armador[25] pode ser:

a) Armador-proprietário: quando os navios pertencem ao próprio armador.
b) Armador-gerente: aquele que opera navios que pertencem a vários proprietários, operando em nome destes. Nessa acepção, é também chamado caixa.
c) Armador-locatário: quando opera embarcação de propriedade alheia.

Nas duas últimas hipóteses acima elencadas, quando o Armador não é o proprietário, surge então uma nova figura chamada de "proprietário do navio" que é uma pessoa física ou jurídica, em nome de quem a propriedade da embarcação é inscrita na autoridade marítima e, quando legalmente exigido, no Tribunal Marítimo (no caso do Brasil há necessidade de inscrição neste órgão administrativo). Nesse caso, há a celebração de um contrato marítimo entre o proprietário do Navio e o Armador, este que deterá totalmente o controle do navio (gestões náutica, de pessoal e comercial).

É o Armador o responsável pela contratação do Comandante do Navio.

Comandante do navio é a mais alta autoridade a bordo de um navio. O Comandante é o representante do Armador e é o responsável pelo navio e ocupa-se das tarefas administrativas relativas aos regulamentos internacionais, ao controle da

---

[25] FERREIRA, 1995. Dicionário Aurélio, verbetes *armador, armador-gerente, armador-proprietário* e *armador-locatário*.

atualização dos documentos oficiais. O Comandante efetua a ligação entre o Armador e as Autoridades Marítimas.

Proprietário da Carga é o proprietário da carga a ser transportada pelo navio.

Porto Organizado, conforme dispõe a Lei 9.966/2000, em seu art. 2º, inc. XII, é o Porto construído e aparelhado para atender às necessidades da navegação e da movimentação e armazenagem de mercadorias, concedido ou explorado pela União, cujo tráfego e operações portuárias estejam sob a jurisdição de uma Autoridade Portuária.

Instalação Portuária, de acordo com a Lei 9.966/2000, artigo 2º, inciso XIII (BRASIL, 2000), é a instalação explorada por pessoa jurídica de direito público ou privado, dentro ou fora da área do porto organizado, utilizada na movimentação e armazenagem de mercadorias destinadas ou provenientes de transporte aquaviário.

Plataforma, em conformidade com a Lei 9.966/2000, artigo 2º, inciso VI (BRASIL, 2000) é a instalação ou estrutura, fixa ou móvel, localizada em águas sob jurisdição nacional, destinada à atividade direta ou indiretamente relacionada à pesquisa e à lavra de recursos minerais oriundos do leito das águas interiores ou de seu subsolo, do mar, da plataforma continental ou de seu subsolo.

Instalações de apoio, consoante a Lei 9.966/2000, artigo 2º, inciso VII (BRASIL, 2000), são quaisquer instalações ou equipamentos de apoio à execução das atividades das plataformas ou instalações portuárias de movimentação de cargas a granel, tais como dutos, monobóias, quadro de bóias para amarração de navios e outras.

Cumpre estabelecer, individualmente, a responsabilidade civil de cada um dos operadores do sistema de gerenciamento de água de lastro.

O Comandante do Navio, dentre as funções de ordem técnica por ele exercidadas, estão as de gestões administrativa, comercial e náutica. A gestão náutica propriamente dita é aquela que compreende as tarefas relacionadas de forma direta ou indireta com a condução do navio, são as tarefas relacionadas à navegação, manutenção do navio, sua estabilidade, possuindo ligação direta com o gerenciamento da água de lastro admitida a bordo.

Segundo Gibertoni (2005), a preposição do comandante como empregado do armador é legal e não se fundamenta em nenhum documento. Esta preposição faz com que o comandante "tenha para com o armador os deveres de diligência, fidelidade e obediência" em função desta preposição.

A responsabilidade pela prática de atos nocivos ao meio ambiente marinho, em especial pelo deslastre irregular da água de lastro, foi acolhida pela Teoria do Risco, imputando a todos que criarem um risco de dano a terceiros e ao meio ambiente, no exercício da sua atividade, a responsabilidade solidária objetiva própria, mesmo que seu comportamento seja isento de culpa.

Em matéria ambiental, não pode ser admitida a aplicação de qualquer excludente de responsabilidade, nem mesmo a culpa exclusiva da vítima ou fato de terceiro. A indenização é ilimitada, podendo esta apenas fundamentar eventual ação de regresso. Os únicos pressupostos para a constituição da responsabilidade de indenizar são a conduta ofensiva ao meio ambiente, o dano e o nexo de causalidade, sendo possível, na hipótese de mais de um causador, todos serem responsáveis solidariamente.

Gibertoni (2005) arremata ao acrescentar que:

> A responsabilidade vai além da reparação do dano ambiental. A legislação nacional determina que da entidade exploradora de porto organizado, do proprietário ou operador de plataforma ou de navio, pela descarga de material poluente em águas sob jurisdição nacional, são obrigados a ressarcir as despesas efetuadas pelos órgãos competentes para o controle ou minimização da poluição causada, independentemente de prévia autorização e de pagamento de multa.

Verifica-se que a responsabilidade do Comandante do Navio ganha contornos extremos, excedendo, em muito, sua solvabilidade quando os danos ocorrem em virtude da prática de sua gestão náutica ou administrativa, por exemplo, devido às transferências de micro-organismos exóticos, via água de lastro.

Assim, pode-se imputar a responsabilidade integral ao Armador pelos fatos praticados pelo Comandante em sua gestão náutica e comercial, inclusive os danosos ao meio ambiente, havendo a possibilidade de invocar-se a solidariedade destes perante os tribunais.

Logo, as responsabilidades do Comandante e do Armador não podem ser consideradas isoladamente, mas sim em conjunto, pois, em virtude do bem jurídico a ser protegido e do montante indenizatório, torna-se necessário trazer a parte mais capaz, financeiramente, para arcar com os prejuízos à frente da responsabilidade de indenizar.

A divisão entre as responsabilidades do comandante e do armador, seu patrão, mostrou-se irrelevante, pois, na grande maioria das vezes, ajuizar uma ação em face do armador revelou-se mais conveniente do que em face do comandante, pessoa física.

Assim, mesmo que o Comandante seja considerado o responsável pelo gerenciamento irregular da água de lastro a bordo, o que lhe conferiria uma responsabilidade objetiva própria, do tipo absoluta, o Armador terminaria por ser, de fato, o verdadeiro responsabilizado, em virtude da solidariedade e em função do Comandante ser o seu preposto legal e da solvabilidade do Armador.

O mesmo pode-se dizer da responsabilidade do Proprietário do Navio, quando não é o Armador. Essa responsabilidade também é objetiva e solidária, em virtude da possibilidade de dano que sua atividade pode acarretar.

O cenário que aponta para a responsabilidade civil objetiva e solidária é o seguinte:

A Lei nº 6.938/81 (BRASIL, 1981), que dispõe sobre a Política Nacional do Meio Ambiente, em seu art. 14, § 1º, estabelece a responsabilidade objetiva daquele que, por meio de sua atividade, causar poluição ao meio ambiente, nos seguintes termos

> Art. 14 – ...
> § 1º – Sem obstar a aplicação das penalidades previstas neste artigo, é o poluidor obrigado, independentemente da existência de culpa, a indenizar ou reparar os danos causados ao meio ambiente e a terceiros, afetados por sua atividade.

A Constituição Federal de 1988 (BRASIL, 1988), veio recepcionar o diploma legal acima citado, quando em seu artigo 225, § 3º estabelece que:

> As condutas e atividades consideradas lesivas ao meio ambiente sujeitarão os infratores, pessoas físicas ou jurídicas, a sanções penais e administrativas, independentemente da obrigação de reparar os danos causados.

Neste mesmo sentido, o artigo 927, parágrafo único do Código Civil (BRASIL, 2002), estabelece que:

> Art. 927 – ...
> Parágrafo único. Haverá obrigação de reparar o dano, independentemente de culpa, nos casos especificados em lei, ou quando a atividade normalmente desenvolvida pelo autor do dano implicar, por sua natureza, risco para os direitos de outrem.

A solidariedade se subsume do teor do artigo 942 e parágrafo único do Código Civil (BRASIL, 2002), ao estabelecer que:

> Os bens do responsável pela ofensa ou violação do direito de outrem ficam sujeitos à reparação do dano causado, e, se a ofensa tiver mais de um autor, todos responderão solidariamente pela reparação.
> Parágrafo único. São solidariamente responsáveis com os autores os coautores e as pessoas designadas no artigo 932.

Dessa forma, o Proprietário do Navio, pelo simples fato de ter a embarcação e a empregar em atividades comerciais, já o implica na hipótese de ser o responsável objetivo e solidário, caso este navio, em algum momento, venha causar

A RESPONSABILIDADE CIVIL DOS OPERADORES DO SISTEMA DE GERENCIAMENTO

danos ao meio ambiente por meio de uma má gestão da água de lastro contida a bordo.

Em uma hipótese mais remota, o Proprietário da Carga será responsabilizado com base na teoria da responsabilidade objetiva, caso a carga transportada seja a causadora do dano ambiental marítimo, o que quanto ao gerenciamento da água de lastro tem pouca relação ou aplicabilidade.

Quanto aos Portos Organizados, Instalações Portuárias e as Plataformas e suas Instalações de Apoio, segundo Kappel (2011), tem-se que o atual sistema portuário brasileiro é composto por nove Companhias Docas (oito públicas e uma privada) e por quatro concessões estaduais, existem ainda mais quatro portos privados distribuídos ao longo da costa brasileira.

Junto a essas entidades, há um aspecto fundamental observado que é o Programa de Gestão Ambiental (PGA) ou Sistema de Gestão Ambiental (SGA) o qual visa adequar as instalações portuárias e serviços prestados, tanto pelos Portos como pelas empresas concessionárias (operadores/terminais), procurando atender a legislação ambiental vigente, abrangendo entre seus temas, um plano de gestão de água de lastro.

Nesse mister, as empresas responsáveis pelas operações portuárias, sejam elas pessoas jurídicas de direito público ou concessionárias de serviço público, não têm poder de polícia para infligir sanções àqueles que descumprem as normas ambientais no que se refere a água de lastro. Observe-se que o referido poder é privativo dos Órgãos públicos competentes, porém elas podem (e devem) auxiliar o Poder Público por meio de uma atividade material positiva de fiscalização e averiguação, bem como de implantação efetiva de um plano de gestão de água de lastro nas áreas de sua jurisdição.

Dessa forma, as empresas portuárias podem adotar um sistema de conferência dos formulários referentes ao gerenciamento da água de lastro enviados pelos navios, informando às autoridades públicas pertinentes acerca de qualquer descumprimento das normas.

Deve ser destacado que, na hipótese de omissões no dever de fiscalizar das concessionárias e empresas estatais de serviço público portuário, bem como nos casos de omissão destes, quanto à implantação de um plano de gestão de água de lastro em áreas de sua jurisdição, haverá a aplicação da responsabilidade civil subjetiva, na qual se examinará a existência do elemento culpa quando da análise do evento danoso.

Estabelece a Convenção Internacional para Controle e Gerenciamento da Água de Lastro e Sedimentos de Navios, em seu artigo 5, itens 1 e 2, a obrigação dos portos e terminais portuários terem instalações adequadas para o recebimento de sedimentos de água de lastro, nos seguintes termos:

Artigo 5
Instalações para Recepção de Sedimentos

1. Cada Parte compromete-se a assegurar que, nos portos e terminais por ela designados para a limpeza ou reparo de tanques de lastro, sejam oferecidas instalações adequadas para a recepção de sedimentos levando-se em conta as Diretrizes desenvolvidas pela Organização. Tais instalações de recepção deverão funcionar sem causar demora indevida aos navios e deverão oferecer destinação segura para tais sedimentos, que não cause perdas ou danos ao seu meio ambiente, à saúde pública, às propriedades e recursos ou aos de outros Estados.

2. Cada Parte deverá notificar a Organização para comunicação às outras Partes interessadas de todos os casos em que as instalações oferecidas nos termos do parágrafo 1º sejam consideradas inadequadas.

A referida Convenção ainda não está em vigor, sendo que o ato normativo nacional que regula o gerenciamento de água de lastro no país, a NORMAN-20/DPC (BRASIL, 2005), não prevê mencionada obrigação dos portos e terminais portuários. Assim, a situação existente atualmente é a da não obrigatoriedade dos portos e terminais portuários em oferecer tais instalações, embora a Lei nº 9.966/2000, preconize, de modo geral, que se deva ter em tais instalações, meios adequados para o recebimento e tratamento dos diversos tipos de resíduos e para o combate da poluição gerada pelos navios.

A fim de internalizar as obrigações ora vistas, impostas pela Convenção Internacional para Controle e Gerenciamento da Água de Lastro e Sedimentos de Navios, segundo Kesselring (2007, p. 11), existiram dois Projetos de Lei a respeito da água de lastro. O Projeto de Lei nº 5.263, de 2005, que foi apresentado pelo Deputado Feu Rosa, do Espírito Santo e o Projeto de Lei nº 6.260, de 2005, que foi apresentado pelo Deputado Carlos Willian em 24.11.2005, o segundo foi apensado ao primeiro. Estes projetos foram arquivados em 31.01.2007.

Ambos os projetos eram semelhantes e visavam estabelecer os princípios básicos a serem obedecidos para a inspeção de água de lastro presentes em navios. De acordo com os projetos, os portos organizados, instalações portuárias, dutos, plataformas e suas instalações de apoio deveriam, obrigatoriamente, dispor de instalações ou meios adequados para proceder à coleta e análise de amostras de água de lastro. Esses projetos foram alvos de críticas em seminários e debates sobre o tema. As principais críticas se referiam à inviabilidade técnica e jurídica da implantação de instalações para coleta e amostras de água de lastro, em razão da vasta dimensão costeira do Brasil.

Diante da nova obrigação trazida pela Convenção, instaurou-se uma discussão entre os Estados, dentre eles o Brasil, a respeito desta obrigatoriedade: se tal regra deveria atingir todos os portos e instalações portuárias dos Estados aderentes ou se este deveria indicar quais seriam os portos e instalações portuárias que disporiam de tais instalações.

Há a necessidade de uma análise sobre a viabilidade técnica e econômica da exigência dessas instalações, pois o Brasil é um país com uma vasta dimensão costeira, possuindo inúmeros portos distribuídos em toda sua extensão, ao contrário de inúmeros países que possuem uma reduzida área costeira e poucos portos. Justifica-se que os altos custos para a implantação de tais instalações bem como para sua operação poderiam gerar a sua inviabilidade, e ainda, um problema de ordem jurídica, pois como preleciona Kesselring (2007, p. 11):

> A água de lastro é considerada como um tipo de poluição marinha e as regras pertinentes a este tema são aplicáveis à água de lastro. Sendo assim, todas as entidades eventualmente envolvidas com o recebimento desta água ou de seus sedimentos, como o porto, empresa de transporte, entidade que faz a amostragem ou recebe a água ou seus sedimentos entrarão na cadeia da responsabilidade ambiental, como poluidores indiretos. Além do mais, um problema que está atrelado ao Estado da Bandeira (navio) passará a ser também do Estado do Porto (Brasil).

Dessa forma, a responsabilidade que hoje entende-se subjetiva, dos portos e instalações portuárias em virtude da omissão no dever de fiscalização ou quanto a implantação de um plano de gestão de água de lastro em áreas de sua jurisdição, únicas imposições existentes na legislação pátria, migrariam, inevitavelmente, para a responsabilidade objetiva, solidária com os demais agentes operadores do sistema de gerenciamento da água de lastro. Isso ocorreria diante de um dano ao meio ambiente via água de lastro, em virtude de falta de instalações adequadas para a recepção de sedimentos advindos da água de lastro quando da limpeza ou reparo de seus tanques.

Já a responsabilidade civil do Estado, como Órgão Público responsável pela fiscalização do sistema de gerenciamento de água de lastro, segundo os ensinamentos de Mello (2007), passa por três situações distintas:

a) Casos em que a atitude comissiva do Estado gera o dano, em que se tem *responsabilidade objetiva*. É hipótese em que o Estado não tem como fugir da ação estatal. Relevante é a perda da situação juridicamente protegida. Este só fato já é bastante para pedir a reparação do dano.

b) Casos em que a omissão do Estado gera um dano ao particular, ou seja, aquelas hipóteses do chamado "fault du service", em que o serviço não funcionou, ou funcionou tardiamente ou ainda funcionou de modo incapaz de obstar a lesão. Hipótese esta de *responsabilidade subjetiva*, justamente porque se houve omissão, não pode ser o autor do dano, assim resta a obrigação do Estado de impedir o dano.

c) E os casos em que, por atividade do Estado, se cria situação propiciatória do dano, por que expõe alguém ao risco. São os casos em que se tem guarda de coisas ou pessoas perigosas.

GERENCIAMENTO E CONTROLE DA ÁGUA DE LASTRO E A RESPONSABILIDADE CIVIL

Em casos de falta de fiscalização ou fiscalização inadequada pelo Estado, a exemplo do que ocorre com a responsabilidade civil dos portos, Instalações Portuárias e as Plataformas e suas Instalações de Apoio, quanto ao gerenciamento da água de lastro, assim, tal ato omissivo do poder público, gera a responsabilidade civil subjetiva, pelo que exige dolo ou culpa, numa de suas três vertentes, negligência, imperícia ou imprudência. Entretanto não é necessário individualizá-la, dado que pode ser atribuída ao serviço público, de forma genérica, a *"faute de service"*, assim, a responsabilidade civil por omissão fundamenta-se na falta do serviço ou culpa do serviço.

A atividade principal e comissiva do gerenciamento da água de lastro é executada a bordo do navio, sendo de responsabilidade objetiva de seu comandante, e, por extensão legal, do armador e proprietário do navio. O Estado e os portos organizados desempenham atividades secundárias e subsidiárias, mas não menos importantes, como atividade fiscalizatória e, no caso destes últimos, também atividades executórias de um plano de gerenciamento de água de lastro.

A responsabilidade do Estado por omissão para grande parte da doutrina e Jurisprudência é subjetiva, uma vez que a ilicitude no comportamento omissivo é aferido sob a perspectiva de que deveria o Estado ter agido por imposição legal. Neste sentido vale mencionar a doutrina de Mello (2007), para quem:

> Não bastará, então, para configurar-se responsabilidade estatal, a simples relação entre ausência do serviço (omissão estatal) e o dano sofrido. Com efeito: inexistindo obrigação legal de impedir um certo evento danoso (obrigação, de resto, só cogitável quando haja possibilidade de impedi-lo mediante atuação diligente), seria um verdadeiro absurdo imputar ao Estado responsabilidade por um dano que não causou, pois isto equivaleria a extraí-la do nada; significaria pretender instaurá-la prescindindo de qualquer fundamento racional ou jurídico. Cumpre que haja algo mais: a culpa por negligência, imprudência ou imperícia no serviço, ensejadoras do dano, ou então o dolo, intenção de omitir-se, quando era obrigatório para o Estado atuar e fazê-lo segundo um certo padrão de eficiência capaz de obstar ao evento lesivo. Em uma palavra: é necessário que o Estado haja incorrido em ilicitude, por não ter acorrido para impedir o dano ou por haver sido insuficiente neste mister, em razão de comportamento inferior ao padrão legal exigível.

Cite-se, ainda, o julgado proferido pelo Superior Tribunal de justiça, no Recurso Especial nº 647.493 – SC (2004/0032785-4)[26], na sessão do dia 15/05/2007, em que os Ministros da Segunda Turma do Superior Tribunal de

---

[26] Disponível em: *https://ww2.stj.jus.br/revistaeletronica/Abre_Documento.asp?sLink=ATC&sSeq=2210414 &sReg=200400327854&sData=20071022&sTipo=91&formato=PDF*. Acesso em 10 fev. 2010.

Justiça acordaram, por unanimidade, nos termos do voto do Ministro Relator João Otávio de Noronha, o seguinte:

Recurso especial. Ação civil pública. Poluição ambiental. Empresas mineradoras. Carvão mineral. Estado de Santa Catarina. Reparação. Responsabilidade do Estado por omissão. Responsabilidade solidária. Responsabilidade subsidiária.

1. A responsabilidade civil do Estado por omissão é subjetiva, mesmo em se tratando de responsabilidade por dano ao meio ambiente, uma vez que a ilicitude no comportamento omissivo é aferida sob a perspectiva de que deveria o Estado ter agido conforme estabelece a lei.

2. A União tem o dever de fiscalizar as atividades concernentes à extração mineral, de forma que elas sejam equalizadas à conservação ambiental. Esta obrigatoriedade foi alçada à categoria constitucional, encontrando-se inscrita no artigo 225, §§ 1º, 2º e 3º da Carta Magna.

3. Condenada a União a reparação de danos ambientais, é certo que a sociedade mediatamente estará arcando com os custos de tal reparação, como se fora auto-indenização. Esse desiderato apresenta-se consentâneo com o princípio da equidade, uma vez que a atividade industrial responsável pela degradação ambiental – por gerar divisas para o país e contribuir com percentual significativo de geração de energia, como ocorre com a atividade extrativa mineral – a toda a sociedade beneficia.

4. Havendo mais de um causador de um mesmo dano ambiental, todos respondem solidariamente pela reparação, na forma do art. 942 do Código Civil. De outro lado, se diversos forem os causadores da degradação ocorrida em diferentes locais, ainda que contíguos, não há como atribuir-se a responsabilidade solidária adotando-se apenas o critério geográfico, por falta de nexo causal entre o dano ocorrido em um determinado lugar por atividade poluidora realizada em outro local.

5. A desconsideração da pessoa jurídica consiste na possibilidade de se ignorar a personalidade jurídica autônoma da entidade moral para chamar à responsabilidade seus sócios ou administradores, quando utilizam-na com objetivos fraudulentos ou diversos daqueles para os quais foi constituída. Portanto, (i) na falta do elemento "abuso de direito"; (ii) não se constituindo a personalização social obstáculo ao cumprimento da obrigação de reparação ambiental; e (iii) nem comprovando-se que os sócios ou administradores têm maior poder de solvência que as sociedades, a aplicação da *disregard doctrine* não tem lugar e pode constituir, na última hipótese, obstáculo ao cumprimento da obrigação.

6. Segundo o que dispõe o art. 3º, IV, c/c o art. 14, § 1º, da Lei n. 6.938/81, os sócios/administradores respondem pelo cumprimento da obrigação de reparação ambiental na qualidade de responsáveis em nome próprio. A responsabilidade será solidária com os entes administrados, na modalidade subsidiária.

7. A ação de reparação/recuperação ambiental é imprescritível.

8. Recursos de Companhia Siderúrgica Nacional, Carbonífera Criciúma S/A, Carbonífera Metropolitana S/A, Carbonífera Barro Branco S/A, Carbonífera Palermo Ltda., Ibramil – Ibracoque Mineração Ltda. não-conhecidos. Recurso da União pro-

vido em parte. Recursos de Coque Catarinense Ltda., Companhia Brasileira Carbonífera de Ararangua (massa falida), Companhia Carbonífera Catarinense, Companhia Carbonífera Urussanga providos em parte. Recurso do Ministério Público provido em parte.

Não se pode deixar de mencionar que o Superior Tribunal de Justiça, quando do julgamento do Recurso Especial 1.071.741[27], em que foi relator o Ministro Herman Benjamin, posicionou-se e inaugurou entendimento, no sentido de ser objetiva a responsabilidade do Estado por omissão decorrente da ausência do exercício do poder de polícia em matéria ambiental.

Afirmou o Ministro Herman Benjamin em seu voto:

> Vale dizer, se é certo que a responsabilidade civil do Estado, por omissão, é, ordinariamente, subjetiva ou por culpa, esse regime, tirado da leitura do texto constitucional, enfrenta pelo menos duas exceções principais. Primeiro, quando a responsabilização objetiva para a omissão do ente público decorrer de expressa determinação legal, em microssistema especial, como na proteção do meio ambiente (Lei 6.938/81, art. 3º, IV, c.c. o art. 14, § 1º). Segundo, quando as circunstâncias indicarem a presença de um dever de ação estatal – direto e mais rígido – que aquele que jorra, segundo a interpretação doutrinária e jurisprudencial, do texto constitucional.

E continua o Ministro:

> Nesse contexto, forçoso reconhecer a responsabilidade solidária do Estado quando, *devendo agir para evitar o dano ambiental*, mantém-se inerte ou age de forma deficiente ou tardia. Ocorre aí *inexecução de uma obrigação de agir* por quem tinha o dever de atuar. Agir no sentido de prevenir (e, cada vez mais, se fala em precaução), mitigar o dano, cobrar sua restauração e punir exemplarmente os infratores. A responsabilização estatal decorre de omissão que desrespeita estipulação *ex vi legis*, expressa ou implícita, fazendo tábula rasa do dever legal de controle e fiscalização da degradação ambiental, prerrogativa essa em que o Estado detém quase um monopólio. Ao omitir-se contribui, mesmo que indiretamente, para a ocorrência, consolidação ou agravamento do dano. Importa ressaltar, mais uma vez, que não há porque investigar culpa ou dolo do Estado (exceto para fins de responsabilização pessoal do agente público), pois não se sai do domínio da responsabilidade civil objetiva, prevista no art. 14, § 1º, da Lei 6.938/81, que afasta o regime comum, baseado no elemento subjetivo, de responsabilização da Administração por comportamento omissivo.

---

[27] Disponível em: *https://ww2.stj.jus.br/revistaeletronica/Abre_Documento.asp?sLink=ATC&sSeq=4712846 &sReg=200801460435&sData=20101216&sTipo=51&formato=PDF*. Acesso em 12 jun. 2012. No mesmo sentido: STJ – RESP 604725-PR, AGRG NO AG 822764-MG, AGRG NO AG 973577--SP.

Vale ainda mencionar que a controvérsia envolvendo a responsabilidade civil do Estado por atos omissivos, embora não restrita somente aos atos relacionados à matéria ambiental, atualmente é objeto de discussão no Pleno do Supremo Tribunal Federal, representado pelo Recurso Extraordinário (RE) 136861[28], ainda pendente de julgamento.

De qualquer sorte, não se pode atribuir ao Estado e aos portos organizados a responsabilidade direta e objetiva por danos ambientais, via água de lastro. Ressalta-se que não executam atos comissivos em seu gerenciamento, podendo vir a responder por atos omissivos de suas atividades de fiscalização, o que, por se tratarem de órgãos públicos, empresas estatais e concessionárias de serviço público federal, deverá ver aplicado a teoria subjetiva da responsabilidade civil, na qual se discutirá o dolo e culpa, quando da análise do evento danoso.

Se o Estado devendo agir, por imposição legal, mediante atos fiscalizatórios, não agir ou o fizer deficientemente, comportando-se abaixo dos padrões legais que normalmente deveriam caracterizá-lo, responde por esta incúria, negligência ou deficiência, que traduzem um ilícito ensejador do dano não evitado, quando, de direito, devia sê-lo.

Direcionado o foco ao dever de agir do Estado, no sentido de efetivar a fiscalização do gerenciamento da água de lastro, se por omissão deste ocorrer um dano, poderá ser caracterizada a responsabilidade subjetiva do Estado. Do contrário a responsabilidade será tão somente do próprio agente do dano. Mello (2007) afirma que tal responsabilidade só poderá ocorrer na hipótese de *culpa anônima* e a omissão estatal atinge usuários do serviço ou os nele interessados.

Lembra Carvalho Filho (2011) que, somente quando o Estado se omitir diante do dever legal de impedir a ocorrência do dano, é que será responsável civilmente e obrigado a reparar os prejuízos, afirmando que, quando se trata de conduta omissiva, o Estado está em posição comum de todos, e será responsabilizado por culpa.

Cumpre ressaltar que a lei nº9.966/2000 (BRASIL, 2000), que dispõe sobre a prevenção, o controle e a fiscalização da poluição causada por lançamento de óleo e outras substâncias nocivas ou perigosas em águas sob jurisdição nacional, dentre elas a água de lastro, em seu artigo 27, inciso I e alíneas, estabelece que a

---

[28] Em 24/05/2011 encontrava-se Conclusos ao(à) Relator(a). Informação disponível em: *http://www. stf.jus.br/portal/processo/verProcessoAndamento.asp?incidente=1515920*. Acesso em 24 jun. 2012.

autoridade marítima é responsável pela fiscalização do gerenciamento da água de lastro por seus operadores, nos seguintes termos:

Art. 27. São responsáveis pelo cumprimento desta Lei:

I – a autoridade marítima, por intermédio de suas organizações competentes, com as seguintes atribuições:

a) fiscalizar navios, plataformas e suas instalações de apoio, e as cargas embarcadas, de natureza nociva ou perigosa, autuando os infratores na esfera de sua competência;

b) levantar dados e informações e apurar responsabilidades sobre os incidentes com navios, plataformas e suas instalações de apoio que tenham provocado danos ambientais;

c) encaminhar os dados, informações e resultados de apuração de responsabilidades ao órgão federal de meio ambiente, para avaliação dos danos ambientais e início das medidas judiciais cabíveis.

E, em seu § 2º, determina que, por omissão ou negligência dos Órgãos Públicos no dever de fiscalizar, implicará em crime de responsabilidade de seus agentes, nos seguintes termos: "A negligência ou omissão dos órgãos públicos na apuração de responsabilidades pelos incidentes e na aplicação das respectivas sanções legais implicará crime de responsabilidade de seus agentes".

A legislação brasileira, no tocante a responsabilidade civil quanto a danos ao meio ambiente, é nitidamente protecionista e revela uma incontestável intenção de resguardar um meio ambiente saudável e equilibrado, utilizando-se da teoria da responsabilidade civil objetiva para a responsabilização dos autores dos danos causados pelo gerenciamento irregular da água de lastro. Aplica-se, contudo, a teoria da responsabilidade civil subjetiva, na qual se analisa o elemento "culpa ou dolo", na hipótese de omissões do Estado quanto à fiscalização devida, bem como nos casos de empresas estatais e concessionárias de serviço público portuários em seu mister fiscalizatório e implementador de um plano de gestão de água de lastro em áreas de sua jurisdição.

Deve-se esclarecer ainda, que há registros em nossos tribunais, a exemplo do Superior Tribunal de Justiça, de vários danos ambientais marítimos ocorridos em razão de vazamento de óleo, entretanto não foram encontradas decisões judiciais envolvendo o deslastre indevido da água de lastro[29].

---

[29] Ação Civil Pública. Dano Ambiental. Porto. Legitimidade. MP. Trata-se, originalmente, de ação civil pública proposta pelo MP, ora recorrido, com o fim de reparar dano ambiental consistente no vazamento de cerca de mil litros de óleo combustível em decorrência de rompimento de um dos dutos subterrâneos da ora recorrente. No REsp, a recorrente alega, entre outras coisas, que não se

afigura, no caso, nenhuma das hipóteses enumeradas pelo art. 109 da CF/1988, para justificar o processamento e julgamento da referida ação na Justiça Federal. A Turma negou provimento ao recurso, por entender que, no caso, o acidente ambiental ocorreu em área de porto organizado, fato não negado pela recorrente. Ressaltou-se que o porto constitui uma universalidade, isto é, apresenta-se como realidade jurídica una, ainda que complexa; equipara-se, por isso, no seu conjunto, a bem público federal enquanto perdurar sua destinação específica, em nada enfraquecendo essa sua natureza o fato de haver imóveis privados no seu perímetro oficial ou mesmo o licenciamento pelo Estado ou até pelo município de algumas das unidades individuais que o integram. Além disso, o licenciamento ambiental pelo Ibama (ou por órgão estadual, mediante seu consentimento expresso ou tácito) de obra ou empreendimento em que ocorreu ou poderá ocorrer a degradação justifica, de plano, a legitimação para agir do MPF. Se há interesse da União a ponto de, na esfera administrativa, impor o licenciamento federal, seria contraditório negá-lo para fins de propositura de ação civil pública. Assim, não há como afastar a conclusão de que o MPF, como regra, tem legitimidade para agir nas hipóteses de dano ou risco de dano ambiental em porto marítimo, fluvial ou lacustre. Ademais, na hipótese em questão, o dano ambiental é de natureza transindividual indivisível (afinal, o meio ambiente ofendido é "bem de uso comum do povo" na expressão do art. 225, *caput*, da CF/1988); o local do dano (Lei n. 7.347/1985, art. 2º) coincide com o local do ato ou fato (CPC, art. 100, V, a) que o causou (derramamento de combustível e contaminação do solo estão ambos no mesmo município) e há, no referido município, tanto varas da Justiça estadual como varas federais instaladas e em pleno funcionamento. Todos esses aspectos conspiram contra a tese da recorrente de, pela aplicação do art. 2º da referida lei, levar a solução da demanda para o âmbito da Justiça estadual. REsp 1.057.878-RS, Rel. Min. Herman Benjamin, julgado em 26/5/2009.

Igual sentido: REsp 564.960-SC, Rel. Min. Gilson Dipp, julgado em 2/6/2005 – Pessoa Jurídica. Condenação. Crime contra meio-ambiente. Na hipótese, a pessoa jurídica de direito privado juntamente com dois administradores foram denunciados pelo MP em razão do crime ambiental por causar poluição em leito de um rio por meio de lançamento de resíduos de graxas, óleo, produtos químicos, areia e lodo resultante da atividade do estabelecimento comercial (art. 54, § 2º, V, e art. 60 da Lei n. 9.605/1998 – Lei Ambiental). Note-se que o tema é controverso na doutrina e na jurisprudência. O juiz monocrático rejeitou a denúncia em relação à empresa, ao entendimento de que a pessoa jurídica não poderia figurar no pólo passivo da ação penal com base no art. 43, III, do CPP, mas a recebeu em relação aos dois administradores. Já o Tribunal *a quo* entendeu que o instituto da responsabilidade penal da pessoa jurídica não poderia ser introduzido no sistema jurídico brasileiro, o que não significa deixar de haver punição, mas esta deveria ser de natureza administrativa e civil, não penal. A Turma proveu o recurso do MP, para determinar o recebimento da denúncia também em relação à microempresa. O Min. Relator destacou que, apesar de alguns obstáculos a serem superados, a responsabilidade penal da pessoa jurídica é um preceito constitucional, não apenas como punição da conduta lesiva, mas como forma de prevenção. Após essa opção constitucional, veio regulamentá-la a referida lei ambiental prevendo a penalização das pessoas jurídicas por danos ao meio ambiente. Essa lei previu para as pessoas jurídicas penas autônomas de multa, de prestação de serviços à comunidade, restritivas de direito, liquidação forçada e desconsideração da pessoa jurídica, todas adaptadas a sua natureza jurídica. Outrossim, a forma pela qual a pessoa jurídica é capaz de realizar a ação com relevância penal depende da atuação de seus administradores, se a realizaram em proveito próprio ou da empresa. A atuação em nome e proveito da pessoa jurídica significa sua

3.3. A Responsabilidade Civil Ambiental Internacional por Danos Marítimos Relativos ao Deslastre Indevido da Água de Lastro

A preocupação na manutenção e existência de um meio ambiente sadio e equilibrado ultrapassa as fronteiras domésticas de um país, permanecendo presente nas agendas internacionais. Nesse cenário, busca-se abrigo no direito ambiental internacional na medida em que o direito ao meio ambiente equilibrado é considerado e deve ser tratado como um direito humano universal, indivisível e interdependente, a ser respeitado por qualquer país, independentemente da sua localização geográfica. Logo, qualquer dano ambiental, ainda que à primeira vista pareça ser local, afeta direta ou indiretamente a todos no globo terrestre.

As obrigações de proteção e preservação do meio ambiente são normas imperativas, um *jus cogens*, de observância e interesse maior de toda a comunidade, sobretudo por envolver o equilíbrio ecológico do Planeta para as presentes e futuras gerações.

A definição de *jus cogens* é designada pelo artigo 53 da Convenção de Viena sobre o Direito dos Tratados (CONVENÇÃO DE VIENA SOBRE O DIREITO DOS TRATADOS, 1969), que estabelece que:

> É nulo um tratado que, no momento de sua conclusão, conflite com uma norma imperativa de Direito Internacional geral. Para fins da presente Convenção, uma norma imperativa de Direito Internacional geral é uma norma aceita e reconhecida pela comunidade internacional dos Estados como um todo como norma na qual nenhuma derrogação é permitida e que só pode ser modificada por norma ulterior de Direito Internacional geral da mesma natureza.

Preleciona Portela (2010) quanto às normas de *jus cogens* que:

> O rol das normas de *jus cogens* não é expressamente definido por nenhum tratado. Com isso, a definição do seu conteúdo é fruto de um processo histórico, dentro do qual a sociedade internacional reconhece em certos valores maior importância para a proteção da vida e da dignidade humanas e para coexistência entre seus membros. Dentre as normas de *jus cogens* encontram-se aquelas voltadas a tutelar os direitos humanos, a proteção do meio ambiente, a proscrição de armas de destruição de massa, a paz e a segurança internacionais.

---

vontade. A citada lei ambiental, no parágrafo único do art. 3º, prevê que todos os envolvidos na prática delituosa serão responsabilizados na medida de sua culpabilidade. Em tese, são as pessoas jurídicas as maiores responsáveis pelos danos ao meio ambiente por meio de sua atividade de exploração comercial ou industrial.

No mesmo sentido: REsp 100698, REsp 105787, REsp 945593, AgRg no Ag 1409629. Disponíveis: *http://www.stj.jus.br/SCON/jurisprudencia/toc.jsp?tipo_visualizacao=RESUMO&livre=dano+e+ambiental +e+oleo&b=ACOR*. Acesso em 12 jun. 2012.

As normas imperativas formam um corpo de direito que possibilita assegurar o respeito aos direitos humanos, entre estes o direito ao meio ambiente equilibrado, essencial para a conservação e existência da própria vida no Planeta.

Cançado Trindade (2002), nessa linha, afirma que, embora o reconhecimento das normas de *jus cogens* tenha começado com as de direitos humanos, sobretudo por violações cometidas pelo próprio Estado (*v.g.*, genocídio), não há como negar que, atualmente, algumas normas nucleares de proteção ambiental também são reconhecidas como de direito internacional imperativo, sem submeter-se à reciprocidade estatal e reforça a existência de normas imperativas objetivas em matéria ambiental lembrando o Princípio 18 da Declaração de Estocolmo, quando menciona, na parte final, que o desenvolvimento econômico e social deve servir ao *"bem comum da humanidade"*. Afirma, ainda, a existência de obrigações *erga omnes*, que vinculam toda a sociedade internacional, a ponto de considerar que a lesão a essa obrigação violenta a ordem jurídica internacional. Essas normas imperativas fundaram uma ordem jurídica internacional que não pode ser erodida pelo convencionalismo dos Estados, tampouco pode ser ignorada.

Kiss e Shelton (2007) indicam na jurisprudência da Corte Internacional de Justiça (caso Gabciko-vs-Nagymaros, que envolveu a Hungria vs. Eslováquia[30]), decisão em que se considerou como normas imperativas aquelas, que assegurassem o "equilíbrio ecológico da Terra". Para os autores, assim, "algumas das normas positivadas e normas usuais no campo ambiental podem ser vistas como obrigações *erga omnes*".

Percebe-se que as normas internacionais não se resumem apenas às regras de direito positivo, derivadas da manifestação de vontade dos Estados (tratados bilaterais ou multilaterais), mas também resultam da construção de princípios gerais e de normas imperativas de direito internacional (*jus cogens*), que devem ser interpretadas em busca da maior proteção ao homem e ao meio ambiente.

Em julgamento proferido pela Corte Internacional de Justiça, no Caso Barcelona *Traction*[31], afirmou-se a existência de obrigações *erga omnes*, cuja existência independe da manifestação de vontade dos Estados. No mesmo sentido, encontra-se a decisão prolatada por Antônio Augusto Cançado Trindade, na Corte Internacional da Justiça, no caso "Papeleras"[32] envolvendo Argentina e Uruguai,

---

[30] Decisão na Corte Internacional de Justiça disponível em: <*http://www.icj-cij.org/docket/files/92/7375.pdf*>. Acesso em 12 abr. 2012.

[31] Íntegra da decisão disponível em: <*http://www.icj-cij.org/docket/files/50/2821.pdf*>. Acesso em 12 abr. 2012.

[32] Íntegra do voto disponível em: <*http://www.icj-cij.org/docket/files/135/15885.pdf*>. Acesso em 12 abr. 2012.

em que foram considerados os princípios gerais de direito ambiental, como normas imperativas *erga omnes*, oportunidade em que foi proposta, para a solução do caso, a pertinência de se realizar um "diálogo", como concebeu Erik Jayme, entre os princípios gerais de direito ambiental internacional, prevenção, precaução, equidade intergeracional e desenvolvimento sustentável e as normas do Tratado do Rio Uruguai, a fim de se alcançar a norma concreta aplicável à espécie mais efetiva à proteção do meio ambiente.

As normas imperativas cumprem destacada função de manutenção da ordem jurídica internacional, enquadrando-se nesta categoria os princípios do desenvolvimento sustentável e da cooperação entre os povos, por serem fundamentais à manutenção do equilíbrio ecológico do Planeta, de modo que o seu descumprimento também enseja a responsabilização internacional objetiva do Estado, por violação de uma norma imperativa.

As normas imperativas de direito ambiental internacional obrigam os Estados a respeitarem os princípios do desenvolvimento sustentável, equidade geracional e cooperação entre os povos, assegurando a sobrevivência e viabilidade das futuras gerações, forçando-os a cooperarem em prol do interesse comum da preservação da qualidade do meio ambiente. Logo, descumprindo tais deveres impostos, causando danos ao meio ambiente, existirá a possibilidade de responsabilizar internacional e objetivamente o Estado.

Os problemas que envolvem um deslastre indevido das águas de lastro dos navios podem acarretar a responsabilidade civil internacional dos agentes envolvidos, em especial do próprio País a que pertence a bandeira da embarcação.

Um País possui um vínculo substancial para com o navio que arvora a sua bandeira, conforme o artigo 91 da Convenção das Nações Unidas sobre o Direito do Mar (CONVENÇÃO INTERNACIONAL SOBRE DIREITO DO MAR, 1982), concluída em 1982, em Montego Bay (Jamaica), cidade que dá o nome a esta importante Convenção, que trata da proteção e preservação do ambiente marinho, assim dispondo:

> Nacionalidade dos navios. 1. Todo Estado deve estabelecer os requisitos necessários para a atribuição da sua nacionalidade a navios, para o registro de navios no seu território e para o direito de arvorar a sua bandeira. Os navios possuem a nacionalidade do Estado cuja bandeira estejam autorizados a arvorar. Deve existir um vínculo substancial entre o Estado e o navio. 2. Todo Estado deve fornecer aos navios a que tenha concedido o direito de arvorar a sua bandeira os documentos pertinentes.

O vínculo substancial entre o navio e o Estado que arvora a sua bandeira, implica em diversas responsabilidades, dentre elas, as estabelecidas no artigo 94 da Convenção de Montego Bay (Convenção Internacional sobre Direito do Mar, 1982):

1. Todo Estado deve exercer, de modo efetivo, a sua jurisdição e seu controle em questões administrativas, técnicas e sociais sobre navios que arvorem a sua bandeira.
2. Em particular, todo Estado deve:
   a) manter um registro de navios no qual figurem os nomes e as características dos navios que arvorem a sua bandeira, com exceção daqueles que, pelo seu reduzido tamanho, estejam excluídos dos regulamentos internacionais geralmente aceitos; e
   b) exercer a sua jurisdição de conformidade com o seu direito interno sobre todo o navio que arvore a sua bandeira e sobre o capitão, os oficiais e a tripulação, em questões administrativas, técnicas e sociais que se relacionem com o navio.

Assim, verifica-se que um Estado estrangeiro pode vir a ser responsabilizado internacionalmente pelo deslastre indevido da água do navio que ostente sua bandeira e que venha acarretar danos ambientais.

A responsabilização de um País pelo dano causado pelo navio, que representa a extensão de seu território, pode ser apontada perante o Poder Judiciário Brasileiro, inclusive o Tribunal Marítimo Brasileiro, o qual tem jurisdição em todo o território nacional, e é um órgão autônomo, auxiliar do Poder Judiciário, vinculado ao Comando da Marinha, tendo como atribuições julgar os acidentes e fatos da navegação marítima, fluvial e lacustre, bem como manter o registro da propriedade marítima.

Os instrumentos internacionais existentes possibilitam responsabilizar, internacionalmente, um País a que pertence um navio, cuja nacionalidade é indicada pelo pavilhão içado, por um dano ambiental decorrente do deslastre indevido da água de lastro, perante Cortes Internacionais, jurisdição a que tenham manifestado reconhecimento e adesão.

O Brasil aceitou se submeter ao Tribunal Internacional do Direito do Mar previsto na Convenção de Montego Bay de 1982 e à Corte Interamericana de Direitos Humanos, prevista na Convenção Americana sobre Direitos Humanos de 1969, mas não à jurisdição da Corte Internacional de Justiça, prevista na Carta da Organização das Nações Unidas de 1945. Anote-se que não há registros de demandas nestas Cortes internacionais envolvendo a responsabilidade por danos causados em virtude de deslastre irregular de água de lastro dos navios.

A responsabilidade internacional de um País por danos ao meio ambiente é objetiva, neste sentido afirma Portela (2010):

> No âmbito do Direito Internacional do Meio Ambiente, a responsabilidade internacional é objetiva ou por risco. Não se discute eventual culpa do agente pelo dano e,

nesse sentido, basta que se configure um prejuízo para que surja a obrigação de reparar, independentemente da forma pela qual o autor do dano tenha ou não concorrido para o problema. É irrelevante ainda, para a configuração da responsabilidade internacional no campo ambiental, o fato de a atividade ser ou não proibida ou perigosa.

Percebe-se que o País, em virtude do navio que arvora sua bandeira, pode ser responsabilizado por um deslastre indevido de água de lastro, porque descumpre as normas de *jus cogens*, desrespeita os princípios ambientais da prevenção, do desenvolvimento sustentável, do equilíbrio geracional e da cooperação entre os povos. E, ainda, não observa os deveres impostos em tratados internacionais, a exemplo da Convenção de Montego Bay e, principalmente, viola o direito humano ao meio ambiente sadio e equilibrado.

A preocupação com o deslastre indevido da água de lastro é iminente. Nesse rumo, observa-se a preocupante situação iniciada em março de 2011, em que um intenso terremoto de grau superior a 9,0 na Escala Richter sacudiu o arquipélago do Japão, principalmente na região de Fukushima e Miyagi, secundado por um violento Tsunami, que acabou por destruir toda a região e matar milhares de pessoas.

Naquela oportunidade, as seis centrais elétricas da região, geradoras a partir de reatores nucleares, foram fortemente abaladas em suas estruturas de contenção, passaram a emitir radioatividade não só na atmosfera, mas também na região litorânea do Oceano Pacífico pelas águas empregadas nas tentativas de resfriamento dos núcleos dos reatores nucleares. A radiação emitida com o acidente causou a contaminação da água, peixes e organismos microscópicos até 600 quilômetros da costa japonesa[33].

O Japão, por sua localização, encontra-se numa das mais intensas rotas do transporte marítimo; existem no país aproximadamente 128 grandes portos ("major ports") e centenas de pequenos portos que são utilizados para recepção de pequenas embarcações, além dos terminais de passageiros[34].

Muitos desses navios necessitam coletar água de lastro após a operação de descarga. Em função da grande quantidade de água com iodo radioativo lançado ao mar, surge a preocupação referente aos riscos dos navios captarem essa água como lastro e transferirem essa contaminação para outra região do globo. Existe ainda o problema da contaminação do casco do navio, o qual, em contato com a água radioativa, pode se tornar um vetor de contaminação.

---

[33] Fonte: <*http://veja.abril.com.br/noticia/ciencia/radiação-atingiu-600-quilometros-da-costa-jap*>. Acesso em: 17 jun. 2012.
[34] Fonte: <*http://across.co.nz/Japan.html*>. Acesso em: 17 jun. 2012.

A RESPONSABILIDADE CIVIL DOS OPERADORES DO SISTEMA DE GERENCIAMENTO

Há grande risco do Brasil, indiretamente, ser vítima dos problemas nucleares que atingiram o Japão, visto que os navios que navegaram por aquela região poderem carregar água radioativa para qualquer porto do mundo, dentre eles, um porto brasileiro.

Pesquisadores[35] alertam que se não houver fiscalização efetiva, o ambiente aquático brasileiro corre sérios riscos. Newton Narciso Pereira[36], do Departamento de Engenharia Naval e Oceânica da Poli-USP, afirma que:

> Assim, despeja-se a água mais doce coletada na região portuária e capta-se a água do oceano, mais salina, que depois é despejada no porto de destino. Acontece que nem todos os navios cumprem esse procedimento. Caso ele tenha coletado água na região do mar do Japão, pode transferi-la com elementos radioativos para o porto de Santos, por exemplo.

Os exemplos retratam a possibilidade de responsabilizar internacionalmente e de forma objetiva um país pelo deslastre indevido de água de lastro, demonstrando ainda, a preocupação com a qualidade de vida do meio ambiente marinho que atravessa fronteiras e preservá-los é um dos grandes desafios ambientais do homem neste século.

A questão da água de lastro é um tema relevante que deve ser objeto de consciência de todos os Estados, os quais, conjuntamente, devem buscar a existência e permanência de um meio ambiente sadio e equilibrado, mediante comportamentos que realmente evitem, de forma séria e eficaz, o deslastre indevido da água de lastro.

3.3.1. Tribunal Internacional do Direito do Mar

O Tribunal Internacional do Direito do Mar[37], criado a partir da Convenção das Nações Unidas, com sede em Hamburgo, na Alemanha, está previsto pela Convenção de Montego Bay de 1982. Seu Estatuto consta do Anexo VI da Convenção, é um órgão judicial independente, criado para solucionar os litígios relativos à interpretação ou aplicação da Convenção de Montego Bay e de acordos internacionais estabelecidos pelos Estados aderentes.

---

[35] Fonte: <*http://www3.poli.usp.br/comunicacao/noticias/noticias/arquivo-de-noticias/718*>. Acesso em: 17 jun. 2012.

[36] Fonte: <*http://www.rac.com.br/institucionais/cenario-xxi/2011/05/27/85134/lastro-de-navios*>. Acesso em: 17 jun. 2012.

[37] A Convenção foi aprovada pelo Congresso Nacional, em 9 de novembro de 1987, nos termos do Decreto Legislativo nº 5, ratificada em 22 de dezembro de 1988, promulgada pelo Decreto nº 99.165, de 12 de março de 1990, e declarada em vigor internamente pelo Decreto nº 1.530, de 22 de junho de 1995.

Os Estados-Partes têm legitimidade ativa, ou seja, podem ser partes e, em determinados casos expressamente previstos na Convenção, certas Organizações Internacionais, têm legitimidade para pleitear suas pretenções perante o Tribunal. As decisões do Tribunal são tomadas por maioria dos membros presentes de um quorum de onze juízes de um universo de 21.

A sentença tem força definitiva e é obrigatória para as partes, na forma do disposto nos artigos 296 da Convenção e 33 do Estatuto do Tribunal.

A Convenção criou uma Câmara de Controvérsias dos Fundos Marinhos, com competência expressamente determinada. No caso desta Câmara, o Estatuto inseriu uma norma inovadora, na medida em que o artigo 39 dispõe que "as decisões da Câmara serão executórias nos territórios dos Estados-Partes da mesma maneira que sentenças ou despachos do Supremo Tribunal do Estado-Parte em cujo território a execução for requerida".

A responsabilidade dos Estados-Partes está consignada no artigo 235 da Convenção (CONVENÇÃO INTERNACIONAL SOBRE DIREITO DO MAR, 1982), o qual assim se define:

> 1 – Os Estados devem zelar pelo cumprimento das suas obrigações internacionais relativas à proteção e preservação do meio marinho. Serão responsáveis de conformidade com o Direito Internacional.
>
> 2 – Os Estados devem assegurar através do seu Direito interno meios de recurso que permitam obter uma indenização pronta e adequada ou outra reparação pelos danos resultantes da poluição do meio marinho por pessoas jurídicas, singulares ou coletivas (físicas ou jurídicas), sob sua jurisdição.
>
> 3 – A fim de assegurar indenização pronta e adequada por todos os danos resultantes da poluição do meio marinho, os Estados devem cooperar na aplicação do Direito Internacional vigente e no ulterior desenvolvimento do Direito Internacional relativo às responsabilidades quanto à avaliação dos danos e à sua indenização e à solução das controvérsias conexas, bem como, se for o caso, na elaboração de critérios e procedimentos para o pagamento de indenização adequada, tais como o seguro obrigatório ou fundos de indenização.

Vale esclarecer que o combate à poluição do mar é um dos temas regulados no principal tratado referente ao Direito do Mar, no caso a Convenção das Nações Unidas sobre o Direito do Mar, assinada em Montego Bay, na Jamaica, em 1982.

Consta no artigo 192 da Convenção de Montego Bay que os Estados têm "a obrigação de proteger e preservar o meio marinho" e "o direito de soberania para aproveitar os seus recursos naturais de acordo com a sua política em matéria de meio ambiente e em conformidade com o seu dever de proteger e preservar o meio marinho".

Segundo o artigo 193 da Convenção de Montego Bay: "Os Estados têm o direito de soberania para aproveitar os seus recursos naturais de acordo com a sua política em matéria de meio ambiente e de conformidade com o seu dever de proteger e preservar o meio marinho".

Além disso, a Convenção especifica as medidas para prevenir, reduzir e controlar a poluição do meio marinho, o dever de não transferir danos ou riscos, de não transformar um tipo de poluição em outro e, conforme artigo 194, item 2:

> Os Estados devem tomar todas as medidas necessárias para garantir que as atividades sob sua jurisdição ou controle se efetuem de modo a não causar prejuízos por poluição a outros Estados e ao seu meio ambiente, e que a poluição causada por incidentes ou atividades sob sua jurisdição ou controle não se estenda além das áreas onde exerçam direitos de soberania, de conformidade com a presente Convenção.

Aponta-se ainda a existência dos seguintes tratados referentes à proteção do meio ambiente no que se refere à responsabilidade internacional por danos ambientais e que se encontram em vigor para o Brasil: Convenção de Viena sobre Responsabilidade Civil por Danos Nucleares, de 1953 (Decreto nº 911, de 03/09/1993); Convenção Internacional sobre Responsabilidade Civil em Danos Causados por Poluição por Óleo, de 1969 (Decreto nº 79.437, de 28/03/1977), celebrada sob o âmbito da Organização Marítima Internacional (OMI); Convenção Internacional sobre Responsabilidade Internacional por Danos Causados por Objetos Espaciais, de 1972 (Decreto nº 71.981, de 22/03/1973); Convenção Internacional para a prevenção da Poluição por Navios, de 1973 (Decreto nº 2.508, de 04/03/1998) e a Convenção sobre Prevenção da Poluição Marítima por Alijamento de Resíduos e outras matérias, de 1972 (Decreto nº 87.556, de 16/09/1982).

De qualquer sorte, a Convenção de Montego Bay de 1982 é extremamente detalhista em questões ambientais relacionadas à poluição do meio ambiente, embora, até por se tratar de questões recentes e atuais, deixa de tratar, em específico, das questões referentes à água de lastro.

3.3.2. Corte Interamericana de Direitos Humanos

A Convenção Americana sobre Direitos Humanos (CONVENÇÃO AMERICANA SOBRE DIREITOS HUMANOS. PACTO DE SAN JOSÉ DA COSTA RICA, 1969), conhecida como Pacto de São José (Decreto nº 678, de 06/11/1992) prevê a existência da Corte Interamericana de Direitos Humanos, estabelecendo a competência, dentre outras, para julgar casos de violação de direitos humanos; sendo parte em processos na Corte, o Estado que aceita sua jurisdição como obrigatória.

Em 1998, o Brasil reconheceu e aceitou a competência obrigatória da Corte nos termos do Decreto Legislativo nº 89.

Consta no protocolo adicional à Convenção Americana sobre Direitos Humanos em Matéria de Direitos Econômicos, Sociais e Culturais (Protocolo de San Salvador), de 1998 (Decreto nº 3.321, de 30/12/1999), em seu artigo 11, o direito ao meio ambiente sadio ao incluir o direito a contar com serviços públicos básicos, bem como a obrigação de os Estados promoverem a proteção, a preservação e o melhoramento das condições ambientais.

Consta no artigo 61 da Convenção Americana sobre Direitos Humanos que somente os Estados-Partes e a Comissão Interamericana de Direitos Humanos, esta que é um órgão autônomo da OEA, têm direito de submeter caso à decisão da Corte.

Alerta Mazzuoli (2010) que:

> (...) um Estado-parte na Convenção pode peticionar diretamente à Corte contra outro Estado-parte na Convenção, à guisa de uma ação popular internacional, pois a garantia dos direitos humanos é uma obrigação objetiva que interessa a todos os seus Estados-partes.(...) As vítimas ou seus representantes só podem peticionar à Comissão, que poderá (se assim entender cabível) deflagrar na Corte uma ação judicial contra o Estado potencialmente culpado. (...)

A Comissão Interamericana de Direitos Humanos tem como função primordial promover a observância e a defesa dos direitos humanos e, entre as suas funções e atribuições, inclui-se a de receber petições ou denúncias de violações por um Estado-Parte dos direitos humanos protegidos pela Convenção.

Qualquer pessoa ou grupo de pessoas ou, ainda, entidade não-governamental reconhecida em um ou mais Estados-Partes da Convenção pode apresentar à Comissão Interamericana petições com denúncias ou queixas.

Entre as condições de admissibilidade da petição, em conformidade com a Convenção Americana de Direitos Humanos (CONVENÇÃO AMERICANA SOBRE DIREITOS HUMANOS. PACTO DE SAN JOSÉ DA COSTA RICA, 1969), consta o esgotamento da jurisdição interna, de acordo com os princípios de Direito Internacional reconhecidos (artigo 46, item 1, letra a), a não ser que não exista na legislação interna o devido processo legal, ou, se houver injustificada demora da decisão, ou, ainda, se o presumido prejudicado tiver sido impedido de acesso aos recursos do direito nacional (artigo 46, item 2). A petição, na primeira hipótese, deve ser apresentada no prazo de seis meses a partir da notificação da decisão interna definitiva (artigo 46, item 1, letra b), sendo ainda condição de admissibilidade o fato de não estar pendente outro processo de solução internacional sobre o mesmo caso (artigo 46, item 1, letra c).

A Comissão, depois de admitida a petição, solicita informações ao governo do Estado dado como violador, as quais devem ser prestadas num prazo razoável. De posse das informações, ou na sua ausência, a Comissão pode arquivar a petição, declarar a sua improcedência ou proceder a uma investigação, podendo-se chegar a uma "solução amistosa". Caso contrário, a Comissão fundamentará as suas conclusões em relatório com recomendações aos Estados interessados.

A Comissão poderá considerar que o Estado (que aceitou a jurisdição da Corte) não deu cumprimento às recomendações constantes do relatório e submeterá o caso a Corte Interamericana, conforme artigo 45 da Convenção.

Vale dizer, o Brasil comprometeu-se a aceitar como obrigatória e de pleno direito a decisão da Corte sobre questões de direitos humanos de que seja parte.

Acrescente-se que o artigo 62, incisos 1 e 3 (CONVENÇÃO AMERICANA SOBRE DIREITOS HUMANOS. PACTO DE SAN JOSÉ DA COSTA RICA, 1969):

> 1 – Todo o Estado-Parte pode, no momento do depósito do seu instrumento de ratificação desta Convenção ou de adesão a ela, ou em qualquer momento posterior, declarar que reconhece como obrigatória, de pleno direito e sem convenção especial, a competência da Corte em todos os casos relativos à interpretação ou aplicação desta Convenção.
>
> 3 – A Corte tem competência para conhecer de qualquer caso relativo à interpretação e aplicação das disposições desta Convenção que lhe seja submetido, desde que os Estados-Partes no caso tenham reconhecido ou reconheçam a referida competência, seja por declaração especial, como prevêem os incisos anteriores, seja por convenção especial.

Estabelece o artigo 66 e 67 da Convenção que a sentença deve ser fundamentada, será definitiva (não pode ser reformada ou modificada) e inapelável (não é cabível qualquer recurso), admitindo-se interpretação quanto ao seu sentido e alcance a pedido das partes, no prazo de 90 dias a partir da notificação da sentença.

O artigo 68 da Convenção Americana (CONVENÇÃO AMERICANA SOBRE DIREITOS HUMANOS. PACTO DE SAN JOSÉ DA COSTA RICA, 1969) dispõe que:

> Art. 68...
>
> 1 – Os Estados-Partes na Convenção comprometem-se a cumprir a decisão da Corte em todo caso em que forem partes.
>
> 2. A parte da sentença que determinar indenização compensatória poderá ser executada no país respectivo pelo processo interno vigente para a execução de sentenças contra o Estado.

Esclarece Mazzuoli (2010) que as sentenças da Corte Interamericana têm eficácia imediata na ordem jurídica interna e devem ser cumpridas *"sponte sua"* pelas autoridades do Estado condenado, sob pena de incorrer em nova violação da Convenção e novo procedimento contencioso contra esse mesmo Estado.

Um dano ambiental, dada a sua extensão, pode vir a ser compreendido como uma violação ao direito humano e nessa qualidade poderá ensejar na responsabilização do País, no contexto do sistema regional interamericano, perante a Corte Interamericana de Direitos Humanos.

3.3.3. Corte Internacional de Justiça

A Corte Internacional de Justiça foi criada em 1945 como principal órgão judiciário da Organização das Nações Unidas, tendo sede em Haia, na Holanda. É composta por quinze juízes (onze efetivos e quatro suplentes) eleitos pela Assembléia Geral e Conselho de Segurança da ONU, para um mandato de nove anos, com possibilidade de reeleição.

Este Tribunal Internacional tem competência contenciosa e consultiva. Na competência consultiva, emite pareceres que, conforme determina o artigo 96 da Carta das Nações Unidas e do artigo 65 do Estatuto da Corte Internacional de Justiça, só podem ser solicitados pela Assembléia Geral e pelo Conselho de Segurança da ONU, bem como por outros órgãos das Nações Unidas e entidades especializadas, que forem em qualquer época devidamente autorizados pela Assembléia Geral da entidade. Tais pareceres, caso as partes solicitem ou assim o convencionem, podem ser vinculantes.

No exercício da competência contenciosa, julga litígios entre Estados, solucionando processos que resultam em sentença, proferida por maioria de votos dos magistrados, definitiva, obrigatória e inapelável, sendo admitidos apenas pedidos de esclarecimentos e a revisão da sentença, mas apenas depois de pelo menos dez anos e diante de fato novo.

A Corte Internacional de Justiça não tem competência automática sobre os Estados, ainda que seja parte. Assim, apenas o Estado que consentir ser parte, aceitando a jurisdição da Corte como obrigatória, pode se submeter a processo neste órgão independente. Logo, qualquer Estado, que tenha reconhecido e aceito sua jurisdição, pode, potencialmente, recorrer à Corte Internacional de Justiça para vindicar uma solução para um direito violado, em relação a quaisquer matérias conhecíveis do Direito Internacional, conforme determina o artigo 36, parágrafo 1º do Estatuto da Corte Internacional de Justiça, segundo a qual "a competência da Corte abrange todas as questões que as partes lhe submetam, bem como todos os assuntos especialmente previstos na Carta das Nações Unidas ou em tratados e convenções em vigor".

A manifestação do consentimento do Estado pode-se dar de várias formas: por previsão em tratado de submissão de um conflito à Corte Internacional de Justiça; decisão voluntária das partes envolvidas em um litígio de submetê-lo à Corte mediante um compromisso; por aceitação de jurisdição da Corte em processo proposto por outro Estado; através de declaração de submissão à competência contenciosa da Corte, pela qual o Estado fica sujeito a ser réu em processo perante a Corte (cláusula facultativa de jurisdição obrigatória), independente de novo consentimento posterior, podendo ser realizada a qualquer tempo.

Note-se que pessoas naturais, empresas e ONG's não podem ser partes na Corte Internacional de Justiça, nem como autores, nem como réus. Apenas Estados podem ser partes perante a Corte. Tais Estados são, em geral, membros das Nações Unidas, mas não se descarta a possibilidade de Estados não membros serem autorizados pela Assembléia-Geral ou Conselho de Segurança a tornarem-se parte no Estatuto da Corte.

Ressalte-se que o Brasil ainda não aceitou a cláusula "facultativa de jurisdição obrigatória" da Corte Internacional de Justiça, não podendo ser réu contra a sua vontade ou mesmo submeter uma controvérsia à Jurisdição da Corte Internacional se a isso não consentiu.

CONCLUSÃO

O deslastre indevido da água de lastro pode implicar em diversos impactos e danos ambientais. Isso porque, ao proceder ao deslastre no porto de destino ou em outra parte do mundo, o navio lança, naquele ambiente marinho, contaminantes, transferindo micro-organismos e espécies da fauna e da flora aquáticas típicos de uma região para outra, totalmente estranha, o que pode causar sérias ameaças ecológicas, econômicas e à saúde. Podem estar presentes inúmeras espécies aquáticas, como algas, cistos, mexilhões, peixes e crustáceos (predadores), organismos exóticos, vírus, bactérias tóxicas e até patogênicas, como o vibrião colérico.

A IMO adotou a Resolução A.868 (20) estabelecendo que todo navio que utilizar água como lastro deve ter um plano próprio de "gerenciamento" dessa água, com vistas a minimizar a transferência de organismos aquáticos nocivos e agentes patogênicos. Recomenda também que sejam disponibilizadas, nos portos e terminais, instalações adequadas para recebimento e tratamento da água utilizada como lastro.

A NORMAM-20/DPC é de observância obrigatória para todos os navios que navegarem em águas jurisdicionais brasileiras. Essa norma impõe, como regra geral, a todas as embarcações que possuem tanques/porões de água de lastro e que utilizam os portos e terminais portuários brasileiros que façam a troca de todo o lastro em águas oceânicas antes de chegarem a águas jurisdicionais brasileiras, sendo que, em águas fluviais da Bacia Amazônica, deverão ser realizadas, pelo menos, duas trocas das águas de lastro, uma a mais de 200 milhas náuticas da costa e outra antes de entrar em águas fluviais da própria Bacia Amazônica.

A Convenção das Nações Unidas sobre o Direito do Mar, de 1982, estabeleceu a obrigação dos Estados em adotar medidas visando à prevenção da introdução de espécies exóticas que possam causar danos ao ambiente marinho.

O Brasil, por meio da NORMAM-20/DPC, já adotou, na legislação nacional, as diretrizes da Convenção Internacional Sobre Controle e Gestão da Água de Lastro e Sedimentos de Navios.

A responsabilidade pela gestão da água de lastro é um dever de todos os envolvidos no processo, dessa forma, os portos têm sua parcela de responsabilidade em relação à água de lastro despejada pelos navios que atracam em áreas de sua jurisdição, como também os órgãos fiscalizadores devem ter a responsabilidade de garantir que os navios cumpram o procedimento de controle e gestão da água de lastro.

A autoridade marítima que verificar alguma irregularidade com relação ao deslastre, seja administrativamente ou em flagrante, deverá proceder à instauração do devido processo legal para maiores apurações, bem como deverá lavrar auto de infração para que os fatos sejam devidamente apurados.

Os Fundeadouros da Fazendinha e de Macapá, localizados no Município de Macapá-AP, por serem um estratégico ponto de entrada e de saída dos navios que realizam o comércio marítimo internacional, diante de um deslastre indevido de água de lastro, representam a possibilidade de danos ambientais à fauna e flora aquáticas, à economia e à saúde da população de Macapá e de municípios vizinhos.

Devem ser adotados novos procedimentos, para sanar os erros procedimentais apurados quanto ao momento da fiscalização. Isso porque os testes realizados nos tanques de água de lastro dos navios que ali aportam, são realizados apenas depois da segunda troca de água de lastro, já no Fundeadouro da Fazendinha, quando a água salgada já foi expulsa dos tanques de água de lastro e absorvida a água doce do rio, sendo que a análise de salinidade da água se dá apenas para verificar haver água de lastro com baixa salinidade dentro de seus tanques.

A verificação realizada da forma como é atualmente, torna impossível apurar se a primeira troca se deu realmente há pelo menos 200 milhas náuticas da costa ou se foi feita de forma irregular, uma única troca no Fundeadouro de Macapá, ou seja, depositando-se a água captada em um porto cuja realidade hidrográfica é diferente da realidade lá existente, mediante o deslastre e ato contínuo captando a água doce/salobra do rio, podendo, por conseguinte, proporcionar um desastre ecológico em virtude do deslastre irregular da água de lastro.

O direito a um meio ambiente saudável e equilibrado é um direito humano positivado e protegido em diversos tratados internacionais no sistema global, regional, geral e específico, a exemplo dos Pactos de Nova York de 1966, Pacto de San José da Costa Rica de 1969, Convenção de Estocolmo de 1972, Protocolo de San Salvador de 1988, Carta Africana de Direitos Humanos de 1991, Carta dos

CONCLUSÃO

Direitos Fundamentais da União Européia de 2000, Carta da Terra de 2000, como também é um direito fundamental, previsto no artigo 225 da Constituição Federal de 1988.

As atividades envolvendo o comércio marítimo devem ser pautadas no dever de zelar pela preservação do meio ambiente, com eliminação da transferência de espécies marinhas não nativas indesejáveis, garantindo-se a saúde das pessoas, a permanência das atividades mercantis, as quais são consideradas importantes para o comércio local e global, mas sem danos ambientais, incorporando práticas sustentáveis, a possibilitar o atendimento às necessidades atuais sem comprometer o atendimento às demandas das próximas gerações.

O dano ao meio ambiente deve ser evitado. Não há tolerância com a poluição mediante um preço, nem tão somente a compensação dos danos causados. O pagamento pelo lançamento de efluentes não possibilita condutas inconsequentes, a ensejar o descarte da água de lastro fora dos padrões e das normas ambientais. Não há o direito de poluir, mas se poluiu, pagará os danos.

As atividades que envolvem o comércio marítimo devem escolher pagar para não poluir, dispondo de verbas tanto para um controle interno de deslastre da água de lastro, quanto para adoção das técnicas recomendadas, investindo em processos produtivos ou em investigações de novas técnicas, prevenindo-se, assim, a poluição do ambiente marinho.

Vários países, a exemplo de Estados Unidos, Canadá, Nova Zelândia e Austrália, estão normatizando o controle e gestão da água de lastro. Todavia, para acabar com as perdas ambientais e econômicas, é necessário que sejam adotadas as diretrizes e resoluções da IMO existentes sobre o tema.

O meio ambiente não tem fronteiras. A proteção do meio ambiente guarda relação e interdependência entre as nações, uma agressão ambiental pode alcançar um ou muitos países vizinhos ou não.

A proposta que se faz e que deveria ser objeto de alteração da NORMAN-20/DPC, é no sentido de se fazer uma análise biológica a fim de se mapear a flora e fauna aquáticas naturais das regiões dos portos e terminais portuários brasileiros bem como, quando da fiscalização a bordo dos navios, realizar-se também, uma análise microbiológica na água de lastro com o fito de se confrontar a existência dos micro-organismos que são naturais da região com eventuais micro-organismos exóticos inseridos irregularmente no contexto hidrográfico por meio da água de lastro, verificando-se, também, por meio do grau de salinidade, se o gerenciamento foi realizado da forma correta.

A análise desses micro-organismos, bem como da salinidade da água de lastro, deverão ser realizadas, obrigatoriamente, antes que se ocorra a segunda troca (somente para a bacia amazônica) para se ter a oportunidade de se constatar a veracidade das informações prestadas no formulário apresentado. Caso não esteja em conformidade com o que a legislação determina, haveria a possibilidade de aplicação das penalidades cabíveis.

Para isso, será necessário aparelhar melhor as entidades responsáveis pela atividade de fiscalização, com técnicos especializados e instrumentos de medição aptos a apontar o objeto das análises. Assim, torna-se-ia possível e viável a análise de micro-organismos da água de lastro, juntamente, com a análise de salinidade que já é realizada, modificando-se o momento em que os testes são realizados, ou seja, devendo ser realizados antes da segunda troca de água de lastro, na região amazônica.

Assim, cada região portuária nacional deverá fazer análises em suas águas, com o objetivo de determinar quais são os micro-organismos naturais de sua região portuária a fim de se criar um banco de dados nacional que consolidaria todas estas informações, disponibilizando-se a todos, facilitando-se, dessa forma, a detecção de micro-organismos invasores, bem como fomentaria a pesquisa científica em busca de novos métodos e procedimentos no sentido de melhorar a gestão da água de lastro.

Espera-se que, com as referidas propostas de alteração da legislação vigente, ocorra uma melhor articulação do sistema de gerenciamento nacional da água de lastro, em especial para o ambiente aquático da bacia amazônica.

As condutas consideradas lesivas ao meio ambiente, conforme preconiza a Constituição Federal de 1988 (artigo 225, § 3º), sujeitarão os infratores, seja pessoa física ou jurídica, a tríplice responsabilização, ou seja, gerará responsabilidade administrativa, penal e civil.

Os autores dos danos causados pelo gerenciamento irregular da água de lastro respondem, civilmente, de forma objetiva pelos danos causados, conforme possibilita o artigo 14, § 1º da Lei nº 6.938/81, artigo 225, o art. 927, parágrafo único do Código Civil de 2.002 (Lei nº 10.406/2002) e o artigo 225, § 3º da Constituição Federal de 1988.

Haverá, assim, responsabilidade civil objetiva e solidária do Comandante do navio, do Armador, do Proprietário do Navio e do proprietário da carga, se ocorrer dano ao meio ambiente, em razão do deslastre indevido de água de lastro contida a bordo.

Diferente é a situação em casos de omissões do Estado quanto à fiscalização devida, bem como nos casos de empresas estatais e concessionárias de serviço público portuários em seu mister fiscalizatório e implementador de um plano de gestão de água de lastro em áreas de sua jurisdição, momento no qual deve ser aplicada a teoria da responsabilidade civil subjetiva, na qual se analisa o elemento "culpa ou dolo".

CONCLUSÃO

As obrigações de proteção e preservação do meio ambiente são normas imperativas, um *jus cogens*, de observância e interesse maior de toda a comunidade e obriga os Estados a respeitarem os princípios da prevenção, precaução, desenvolvimento sustentável, da cooperação entre os povos e equidade geracional.

O descumprimento de tais deveres impostos também enseja em violação dos deveres impostos em tratados internacionais, como a Convenção de Montego Bay e, principalmente, viola o direito humano ao meio ambiente sadio e equilibrado. Logo, o Estado que causar danos ao meio ambiente poderá vir a ser responsabilizado, internacionalmente, de forma objetiva.

O País, em virtude do navio que arvora sua bandeira, pode ser responsabilizado por um deslastre indevido de água de lastro, pois, descumpre as normas de *jus cogens*, desrespeita os princípios ambientais da prevenção, do desenvolvimento sustentável, do equilíbrio geracional e da cooperação entre os povos.

Assim, a responsabilidade internacional e objetiva de um País, a que pertence à bandeira da embarcação (artigo 91 da Convenção de Montego Bay) poderá ocorrer diante de um dano ambiental causado por um deslatre indevido das águas de lastro dos navios.

Essa responsabilização internacional poderá ser apontada perante o Poder Judiciário Brasileiro, o Tribunal Marítimo Brasileiro ou perante o Tribunal Internacional do Direito do Mar.

Poderá ainda, um dano ambiental, dada a sua extensão, vir a ser compreendido como uma violação ao direito humano e, nessa qualidade, poderá ensejar na responsabilização do país, no contexto do sistema regional interamericano, diante da Corte Interamericana de Direitos Humanos, mas não com relação à Corte Internacional de Justiça.

O Brasil aceitou se submeter ao Tribunal Internacional do Direito do Mar previsto na Convenção de Montego Bay de 1982 e à Corte Interamericana de Direitos Humanos, prevista na Convenção Americana sobre Direitos Humanos de 1969.

Percebe-se que a responsabilização civil dos operadores do sistema de água de lastro pode-se dar no âmbito nacional e internacional, a implicar no dever de reparar um dano ambiental, bem como no dever de proteger e cuidar do meio ambiente marítimo e aquático e, por consequência, da própria sobrevivência humana e existência da biodiversidade.

REFERÊNCIAS

A ÁGUA de lastro e seus riscos ambientais. **Cartilha de conhecimentos básicos,** São Paulo: Água de Lastro Brasil, p. 9--11, 2009. Disponível em: *http://www. aguadelastrobrasil.org.br/arquivos/cartilha%20versão%201.0_português.pdf.* Acesso em: 10 fev. 2011.

– **Cartilha de conhecimentos básicos,** São Paulo: Água de Lastro Brasil, p. 13--14, 2009. Disponível em: *http://www. aguadelastrobrasil.org.br/arquivos/cartilha%20versão%201.0_português.pdf.* Acesso em: 11 fev. 2011.

– **Cartilha de conhecimentos básicos,** São Paulo: Água de Lastro Brasil, p. 54--55, 2009. Disponível em: *http://www. aguadelastrobrasil.org.br/arquivos/cartilha%20versão%201.0_português.pdf.* Acesso em: 11 fev. 2011.

ALONSO, Paulo Sérgio Gomes. **Pressupostos da responsabilidade civil objetiva.** São Paulo: Saraiva, 2000.

ANDRADE, Maria Margarida de. **Introdução a metodologia do trabalho científico.** São Paulo: Atlas, 2005.

BARROSO, Luís Roberto. **O Direito constitucional e a efetividade de suas normas.** Rio de Janeiro: Renovar, 2001.

BENJAMIN, Antônio Herman. Responsabilidade civil pelo dano ambiental. Re-

vista de **Direito Ambiental.** São Paulo, v. 9, p. 5-11, jan./mar. 1998.

BOBBIO, Norberto. **A era dos direitos.** Rio de Janeiro: Campus, 1992.

BONAVIDES, Paulo. **Curso de direito constitucional.** São Paulo: Malheiros, 2008.

BRASIL. Agência Nacional de Vigilância Sanitária. **Resolução RDC nº 217,** de 21.nov.2001. Disponível em: <*http://www. anvisa.gov.br/paf/legislacao/resol.htm*>. Acesso em: 10 fev. 2009.

– **Constituição da República Federativa do Brasil de 05 de outubro de 1988.** Disponível em: *http://www.planalto.gov.br/ccivil_03/Constituicao/Constitui%C3%A7ao.htm.* Acesso em: 11 fev. 2009.

– **Decreto nº 2.681, de 07 de dezembro de1912.** Regula a responsabilidade civil das estradas de ferro. Disponível em: *http://www.planalto.gov.br/ccivil_03/ decreto/D2681_1912.htm.* Acesso em: 10 jun. 2011.

– **Decreto nº 61.784, de 28 de novembro de 1967.** Aprova o Regulamento do Seguro de Acidentes do Trabalho. Disponível em: *http://legislacao.planalto. gov.br/legisla/legislacao.nsf/Viw_Identificacao/DEC%2061.784-1967?OpenDocument.* Acesso em: 10 fev. 2011.

REFERÊNCIAS

– **Decreto 80.978, de 12 de dezembro de 1977**. Promulga a Convenção Relativa à Proteção do Patrimônio Mundial, Cultural e Natural, de 1972. Disponível em: <http://www6.senado.gov.br/legislacao/ListaPublicacoes.action?id=124463>. Acesso em: 07 mar. 2010.

– **Decreto 3.179, de 21 de setembro de 1999**. Dispõe sobre a especificação das sanções aplicáveis as condutas e atividades lesivas ao meio ambiente, e dá outras providências. Disponível em: http://legislacao.planalto.gov.br/legislalegislacao.nsf/Viw_Identificacao/DEC%203.179-1999?OpenDocument. Acesso em: 12 fev. 2009.

– **Decreto nº 4.136, de 20 de fevereiro de 2002**. Dispõe sobre a especificação das sanções aplicáveis às infrações às regras de prevenção, controle e fiscalização da poluição causada por lançamento de óleo e outras substâncias nocivas ou perigosas em águas sob jurisdição nacional, prevista na Lei nº 9.966, de 28 de abril de 2000, e dá outras providências. Disponível em: <http://www.dji.com.br/decretos/d-00 4136-20-02-2002.htm>. Acesso em: 10 fev. 2009.

– **Decreto 6.514, de 22 de julho de 2008**. Dispõe sobre as infrações e sanções administrativas ao meio ambiente, estabelece o processo administrativo federal para apuração destas infrações, e dá outras providências. Disponível em: <http://www.planalto.gov.br/ccivil_03/_Ato2007-2010/2008/Decreto/D6514.htm>. Acesso em: 12 fev. 2009.

– **Decreto Legislativo nº 148, de 12 de março de 2010**. Aprova o texto da Convenção Internacional para Controle e Gerenciamento da Água de Lastro e Sedimentos de Navios. Disponível em: <http://www.diariodasleis.com.br/busca/ exibelink.php?numlink=213695>. Acesso em: 02 fev. 2009.

– **Lei nº 5.316, de 14 de setembro de 1967**. Integra o Seguro de Acidentes do Trabalho na Previdencia Social e da outras providencias. Disponível em: http://legislacao.planalto.gov.br/legisla/legislacao.nsf/Viw_Identificacao/lei%205.316-1967?OpenDocument. Acesso em: 10 fev. 2011.

– **Lei nº 6.194, de 19 de dezembro de 1974**. Dispõe sobre Seguro Obrigatório de Danos Pessoais causados por veículos automotores de via terrestre, ou por sua carga, a pessoas transportadas ou não. Disponível em: http://www.planalto.gov.br/ccivil_03/leis/L6194.htm. Acesso em: 11 fev. 2011.

– **Lei 6.938, de 31 de agosto de 1981**. Dispõe sobre a Política Nacional do Meio Ambiente, seus fins e mecanismos de formulação e aplicação, e dá outras providências. Disponível em: <http://www.planalto.gov.br/ccivil_03/Leis/L6938.htm.> Acesso em: 20 fev. 2009.

– **Lei 7.347, de 24 de julho de 1985**. Disciplina a ação civil pública de responsabilidade por danos causados ao meio-ambiente, ao consumidor, a bens e direitos de valor artistico, estético, histórico, turístico e paisagístico e dá outras providências. Disponível em: <http://www.nucleodoconsumidor.uff.br/index.php?option=com_content&view=article&id=17&Itemid=21>. Acesso em: 02 fev. 2009.

– **Lei 8.078, de 11 de setembro de 1991**. Dispõe sobre a proteção do consumidor e dá outras providências. Disponível em: http://www.planalto.gov.br/ccivil_03/leis/L8078.htm. Acesso em: 11 fev. 2011.

– **Lei nº 8.213 de 24 de julho de 1991**. Dispõe sobre os Planos de Benefícios da Previdência Social e dá outras providências. Disponível em: *http://www.planalto.gov.br/ccivil_03/leis/L8213cons.htm*. Acesso em: 10 fev. 2011.

– **Lei nº 8.441, de 13 de julho de 1992.** Altera dispositivos da Lei no 6.194, de 19 de dezembro de 1974, que trata do Seguro Obrigatório de Danos Pessoais causados por Veículos Automotores de Vias Terrestres (DPVAT). Disponível em: *http://www.planalto.gov.br/ccivil_03/leis/L8441.htm*. Acesso em: 11 fev. 2011.

– **Lei 8.625, de 12 de fevereiro de 1993.** Institui a Lei Orgânica Nacional do Ministério Público, dispõe sobre normas gerais para a organização do Ministério Público dos Estados e dá outras providências. Disponível em: *<http://www.planalto.gov.br/ccivil_03/Leis/L8625.htm>*. Acesso em: 12 fev. 2009.

– **Lei 9.433, de 08 de janeiro de 1997.** Institui a Política Nacional de Recursos Hídricos, cria o Sistema Nacional de Gerenciamento de Recursos Hídricos, regulamenta o inciso XIX do art. 21 da Constituição Federal, e altera o art. 1º da Lei nº 8.001, de 13 de março de 1990, que modificou a Lei nº 7.990, de 28 de dezembro de 1989. Disponível em: *<http://www.planalto.gov.br/ccivil_03/Leis/L9433.htm>*. Acesso em: 14 fev. 2009.

– **Lei 9.605, de 12 de fevereiro de 1998.** Dispõe sobre as sanções penais e administrativas derivadas de condutas e atividades lesivas ao meio ambiente, e dá outras providências. Disponível em: *<http://www.planalto.gov.br/ccivil_03/LeisL9605.htm>*. Acesso em: 10 fev. 2009.

– **Lei 9.537, de 12 de novembro de 1997.** Dispõe sobre a segurança do tráfego aquaviário em águas sob jurisdição nacional e dá outras providências. Disponível em: *http://www.planalto.gov.br/ccivil_03/Leis/L9537.htm*. Acesso em: 08 fev. 2009.

– **Lei nº 9.966, de 28 de abril de 2000.** Dispõe sobre a prevenção, o controle e a fiscalização da poluição causada por lançamento de óleo e outras substâncias nocivas ou perigosas em águas sob jurisdição nacional e dá outras providências. Disponível em: *<http://legislacao.planalto.gov.br/legisla/legislacao.nsf/Viw_Identificacao/lei%209.966-2000?OpenDocument.>* Acesso em: 22 jan. 2009.

– **Lei 10.233, de 06 de maio de 2001.** Dispõe sobre a reestruturação dos transportes aquaviário e terrestre, cria o Conselho Nacional de Integração de Políticas de Transporte, a Agência Nacional de Transportes Terrestres, a Agência Nacional de Transportes Aquaviários e o Departamento Nacional de Infra-Estrutura de Transportes, e dá outras providências. Disponível em *http://www.planalto.gov.br/ccivil_03/leis/LEIS_2001/L10233.htm*. Acesso em: 12 abr. 2009.

– **Lei 10.406, de 10 de janeiro de 2002.** Institui o Código Civil. Disponível em: *<http://www.planalto.gov.br/ccivil_03/Leis/2002/L10406.htm>*. Acesso em: 12 abr. 2009.

– MARINHA DO BRASIL. **Portaria nº 64 de 07 de novembro de 2006. Aprova as Normas e Procedimentos da Capitania dos Portos da Amazônia Oriental – NPCP – 2006.** Disponível em: *<https://www.mar.mil.br/cfaoc/documentos/NPCP_CPAOR.pdf>*. Acesso em: 09 jun. 2011.

– MARINHA DO BRASIL. **Normas e procedimentos da capitania dos portos**

REFERÊNCIAS

da amazônia oriental – NPCP 2006. Disponível em: <*https://www.mar.mil.br/cfaoc/documentos/NPCP_CPAOR.pdf*>. Acesso em: 09 jun. 2011.

– MARINHA DO BRASIL. **NORMAM 8.** Trafego e permanência de embarcação em águas jurisdicionais brasileiras. Disponível em: *https://www.dpc.mar.mil.br/normam/N_08/N_08.htm.* Acesso em: 20/01/2011.

– MARINHA DO BRASIL. **NORMAM-20/DPC, de 14. jun. 2005.** Norma da autoridade marítima para o gerenciamento da água de lastro de navios da diretoria de portos e costas. Disponível em: <*https://www.dpc.mar.mil.br/normam/N_20/Introducao.pdf*>. Acesso em: 08/02/2011.

– MINISTÉRIO DA SAÚDE. ANVISA. **Brasil – Água de Lastro – Projetos GGPAF 2012.** Disponível em: <*http://www.anvisa.gov.br/divulga/public/paf/agua_lastro3.pdf*>. Acesso em: 27 mar. 2012.

– MINISTÉRIO DO MEIO AMBIENTE. **Avaliações e ações prioritárias para a conservação da biodiversidade das zonas costeira e marinhas:** Sumário Executivo, 2002. Disponível em: <*http://www.mma.gov.br/aguadelastro/.*>. Acesso em: 11 fev. 2009.

– MINISTÉRIO DO MEIO AMBIENTE. **Programa Globallast. Água de Lastro – Boletim Informativo.** Disponível em: <*http://www.mma.gov.br/aguadelastro/.*>. Acesso em: 11 fev. 2009.

– MINISTÉRIO DO MEIO AMBIENTE. **Programa Globallast. Água de Lastro – Mexilhão dourado.** Disponível em: <*http://www.mma.gov.br/aguadelastro/.*>. Acesso em: 11 fev. de 2009.

– MINISTÉRIO DO MEIO AMBIENTE. **Programa Globallast. Água de Lastro – O Problema.** Disponível em: <*http://www.mma.gov.br/aguadelastro/.*>. Acesso em 10 fev. 2009.

– MINISTÉRIO DOS TRANSPORTES. ANTAQ. **Mapa dos portos organizados brasileiros.** Disponível em: <*http://www.antaq.gov.br/Portal/localizaportos.asp*>. Acesso em: 27 mar.2012.

– Supremo Tribunal Federal. **Ação Direta de Inconstitucionalidade 3540-DF.** Julgado em 03/02/2006. Disponível em <*http://redir.stf.jus.br/paginador/paginador.jsp?docTP=AC&docID=387260*>. Acesso em: 14 jun. 2010.

– Supremo Tribunal Federal. **Mandado de Segurança 22164-0-SP.** Relator: Ministro Celso de Mello. Julgado em 30/10/1995. Disponível em: *http://www.stf.jus.br/portal/processo/verProcessoAndamento.asp?incidente=1606388.* Acesso em: 20 jun. 2010.

– Supremo Tribunal Federal. **Recurso Extraordinário 134.297-8-SP.** Relator: Ministro Celso de Mello. Julgado em 13/06/1995. Disponível em: *http://www.stf.jus.br/portal/processo/verProcessoAndamento.asp?incidente=151280.* Acesso em: 20 jun. 2010.

– Supremo Tribunal Federal. **Recurso Extraordinário 136861-SP.** Relator: Ministro Joaquim Barbosa. Conclusos ao relator em: 24/05/2011. Disponível em: *http://www.stf.jus.br/portal/processo/verProcessoAndamento.asp?incidente=1515920.* Acesso em 24 jun. 2012.

– Superior Tribunal de Justiça. **Recurso Especial nº 647.493-SC.** Relator: Ministro João Otávio de Noronha. Julgado em 15/05/2007. Disponível em: *https://ww2.stj.jus.br/revistaeletronica/Abre_Documento.asp?sLink=ATC&sSeq=2210414&sReg=200400327854&sData=20071022&sTipo=91&formato=PDF.* Acesso em 10 fev. 2010.

– Superior Tribunal de Justiça. **Recurso Especial nº 1.071.741-SP.** Relator: Ministro Herman Benjamin. Julgado em 16/12/2010. Disponível em: *https://ww2. stj.jus.br/revistaeletronica/Abre_Documento. asp?sLink=ATC&sSeq=4712846&sReg= 200801460435&sData=20101216&sTipo =51&formato=PDF.* Acesso em 12 jun. 2012.

– Superior Tribunal de Justiça. **Recurso Especial nº 604725-PR.** Relator: Ministro Castro Meira. Julgado em 22/08/ /2005. Disponível em: *https://ww2.stj. jus.br/revistaeletronica/Abre_Documento. asp?sLink=ATC&sSeq=4712846&sReg= 200801460435&sData=20101216&sTipo =51&formato=PDF.* Acesso em 12 jun. 2012.

– Superior Tribunal de Justiça. **Agravo de Instrumento nº 822764-MG.** Relator: Ministro José Delgado. Julgado em 02/08/2007. Disponível em: *https://ww 2.stj.jus.br/revistaeletronica/Abre_Documento.asp?sLink=ATC&sSeq=4712846 &sReg=200801460435&sData=20101216 &sTipo=51&formato=PDF.* Acesso em 12 jun. 2012.

– Superior Tribunal de Justiça. **Agravo de Instrumento nº 973577-SP.** Relator: Ministro Mauro Campbell Marques. Julgado em 02/08/2007. Disponível em: *https://ww2.stj.jus.br/revista eletronica/Abre_Documento.asp?sLink= ATC&sSeq=4712846&sReg=2008014 60435&sData=20101216&sTipo=51 &formato=PDF.* Acesso em 12 jun. 2012.

CAMARGO, A. L. B. **As dimensões e os desafios do desenvolvimento sustentável:** concepções, entraves e implicações à sociedade humana. Dissertação (Mestrado em Engenharia de Produção) – UFSC, Florianópolis-SC, 2002.

CANOTILHO, José Joaquim Gomes; LEITE, José Rubens Morato. **Direito constitucional ambiental brasileiro.** São Paulo: Saraiva, 2010.

CANOTILHO, José Joaquim Gomes. **Procedimento e defesa do ambiente.** Coimbra: Coimbra, 1991.

– **Direito constitucional e teoria da constituição.** Coimbra: Almedina, 2002.

CARLTON, James T. **Marine bioinvasions: the alteration of marine ecosystems by Nonindigenous.** The Maritime Studies Program, Williams College-Mystic Seaport Museum, 1996. Disponível em: *http://www.tos.org/oceanography/issues/ issue_archive/issue_pdfs/9_1/9.1_carlton. pdf.* Acesso em: 10 fev. 2010.

CARMO, Maria Chauvieri do; FOGLIATTI, Maria Cristina. **Água de lastro.** 2006. Disponível em: <*http://www.aguadelastrobrasil.org.br/arquivos/Marcela%20Chau viere%20do%20Carmo%20%C3%A1gua% 20de%20lastro.pdf*>. Acesso em: 10 fev. 2010.

CARTA AFRICANA DOS DIREITOS HUMANOS E DOS POVOS – CARTA DE BANJUL – 1981. Disponível em: <*http://www.direitoshumanos.usp.br/index.php/Documentos-não-Inseridos-nas-Deliberações-da-ONU/ carta-africana-dos-direitos-humanose-dos-povos-carta-de-banjul.html*>. Acesso em: 02 dez. 2009.

CARTA DA ORGANIZAÇÃO DOS ESTADOS AMERICANOS DE 1948. Coletânea de direito internacional. São Paulo: Revista dos Tribunais, 2007.

CARTA DA TERRA DE 2000. Disponível em: <*http://www.mundosustentavel.com. br/carta_terra.pdf*>. Acesso em: 02 jun. 2010.

CARTA DAS NAÇÕES UNIDAS DE 1945. Coletânea de direito internacional. São Paulo: Revista dos Tribunais, 2007.

REFERÊNCIAS

CARTA DOS DIREITOS FUNDAMENTAIS DA UNIÃO EUROPÉIA DE 2000. Disponível em: <http://www.direitoshumanos.usp.br/index.php/Documentos-n%C3%A3o-Inseridos-nas-Delibera%C3%A7%C3%B5es-da-ONU/carta-dos-direitos-fundamentais.html>. Acesso em: 10 abr. 2010.

CARVALHO, Edson Ferreira de. **O meio ambiente & direitos humanos**. Curitiba: Juruá, 2009.

CARVALHO FILHO, José dos Santos. **Manual de direito administrativo**. Rio de Janeiro, Lumen Juris, 2011.

CAVALCANTI, Clóvis. Sustentabilidade da economia: paradigmas alternativos de realização econômica. In: Clóvis Cavalcanti (org.). **Desenvolvimento e natureza: estudos para uma sociedade sustentável**. São Paulo: Cortez, 2003. p. 153-176.

CAVALIERI FILHO, Sergio. **Programa de responsabilidade civil**. 3ª ed. São Paulo: Malheiros, 2002.

CLUBE DE ROMA. **Primeiro relatório: os limites ao crescimento**. Bruxelas, 1968.

CMMAD. **Comissão Mundial Sobre Meio Ambiente e Desenvolvimento**. 2ª ed. Nosso futuro comum. São Paulo: Fundação Getúlio Vargas, 1991.

CONFERÊNCIA SOBRE DESENVOLVIMENTO SUSTENTÁVEL, 2002. Disponível em: <http://www.johannesburgsummit.org/>. Acesso em: 10 fev. 2009.

CONVENÇÃO AMERICANA SOBRE DIREITOS HUMANOS. PACTO DE SAN JOSÉ DA COSTA RICA (1969). DECRETO 3.321 DE 30 DE DEZEMBRO DE 1999. Coletânea de direito internacional. São Paulo: Revista dos Tribunais, 2007.

CONVENÇÃO DAS NAÇÕES UNIDAS SOBRE OS DIREITOS DA CRIANÇA, 1990. Coletânea de direito internacional. São Paulo: Revista dos Tribunais, 2007.

CONVENÇÃO DE ESPOO, 1991. Disponível em: <http://www.unece.org/env/eia/documents/legaltexts/convention textenglish.pdf.> Acesso em: 22 mar. 2010.

CONVENÇÃO DE GENEBRA III RELATIVA AO TRATAMENTO DOS PRISIONEIROS DE GUERRA DE 12 DE AGOSTO DE 1949. Disponível em: <http://www.gddc.pt/direitos-humanos/textos-internacionais-dh/tidhuniversais/dih-conv-III-12-08-1949.html>. Acesso em: 10 set. 2010.

CONVENÇÃO DE VIENA SOBRE O DIREITO DOS TRATADOS, CONCLUÍDA EM 23 DE MAIO DE 1969, COM RESERVA AOS ARTIGOS 25 E 66. DECRETO 7.030/2000. Disponível em: <https://www.planalto.gov.br/ccivil_03/_ato2007-2010/2009/decreto/d7030.htm>. Acesso em: 05 jun. 2010.

CONVENÇÃO DE VIENA SOBRE RESPONSABILIDADE CIVIL POR DANOS NUCLEARES DE 1963. Disponível em: http://www.dji.com.br/decretos/1993-000911/000911_1993.html. Acesso em: 12 jan. 2011.

CONVENÇÃO INTERNACIONAL PARA A PREVENÇÃO DA POLUIÇÃO POR NAVIOS. MARPOL 73/78. Disponível em: http://www.imo.org/about/conventions/listof-conventions/pages/international-convention-for-the-prevention-of-pollution-from-ships-(marpol).aspx. Acesso em: 12 jun. 2009.

CONVENÇÃO INTERNACIONAL PARA A PREVENÇÃO DA POLUIÇÃO POR NAVIOS, 1973. Disponível em: http://pt.io.gov.mo/Legis/International/record/146.aspx. Acesso em: 10 fev. 2011.

CONVENÇÃO INTERNACIONAL PARA O CONTROLE E MANEJO DA ÁGUA DE LASTRO

DE NAVIOS E SEDIMENTOS. Disponível em: <https://www.ccaimo.mar.mil.br/sites/default/files/Convencao_BWM.pdf>. Acesso em: 13 fev. 2010.

CONVENÇÃO INTERNACIONAL SOBRE CONTROLE E GESTÃO DA ÁGUA DE LASTRO E SEDIMENTOS DE NAVIOS – BWM 2004. Disponível em: <https://www.ccaimo.mar.mil.br/sites/default/files/Convencao_BWM.pdf>. Acesso em: 16 fev. 2009.

CONVENÇÃO INTERNACIONAL SOBRE DIREITO DO MAR DE 1982. CONVENÇÃO DE MONTEGOBAY. Disponível em: <http//www.imo.org/montegobay.htm>. Acesso em: 25 fev. 2011.

CONVENÇÃO INTERNACIONAL SOBRE RESPONSABILIDADE CIVIL EM DANOS CAUSADOS POR POLUIÇÃO POR ÓLEO, 1969. Disponível em: http://www.mpes.gov.br/anexos/centros_apoio/arquivos/10_21121550151762009_Conven%C3%A7%C3%A3o%20Internacional%20-%20Polui%C3%A7%C3%A3o%20por%20%C3%93leo.pdf. Acesso em: 10 fev. 2011.

CONVENÇÃO PARA ELIMINAÇÃO DE TODAS AS FORMAS DE DISCRIMINAÇÃO CONTRA A MULHER, 1979. Coletânea de direito internacional. São Paulo: Revista dos Tribunais, 2007.

CONVENÇÃO SOBRE ACESSO À INFORMAÇÃO, PARTICIPAÇÃO PÚBLICA E ACESSO À JUSTIÇA NAS QUESTÕES AMBIENTAIS – AARHUS (1998). Disponível em: <http://www.unece.org/env/pp/documents/cep43e.pdf>. Acesso em: 16 out. 2010.

CONVENÇÃO SOBRE A DIVERSIDADE BIOLÓGICA (1992). Disponível em: <http://bo.io.gov.mo/bo/i/99/32/decretolei21.asp#ptg>. Acesso em: 30 abr. 2010.

CONVENÇÃO SOBRE PREVENÇÃO DA POLUIÇÃO MARINHA POR ALIJAMENTO DE RESÍDUOS E OUTRAS MATÉRIAS

DE 1972. Disponível em: http://www6.senado.gov.br/legislacao/ListaNormas.action?numero=87566&tipo_norma=DEC&data=19820916&link=s. Acesso em: 20 mar. 2011.

CONVENÇÃO SOBRE RESPONSABILIDADE INTERNACIONAL POR DANOS CAUSADOS POR OBJETOS ESPACIAIS DE 1972. Disponível em: www.sbda.org.br/textos/DirEsp/Cvn_Resp.rtf. Acesso em: 10 fev. 2011.

CORTE INTERAMERICANA DE DIREITOS HUMANOS. Disponível em <http://www.corteidh.or.cr>. Acesso em 12 fev. 2011.

CORTE INTERNACIONAL DE JUSTIÇA. Disponível em: http://www.icj-cij.org/. Acesso em 12 fev. 2011.

COSTA, Dilvanir José da. **Sistema de direito civil à luz do novo código**. Rio de Janeiro: Forense, 2003.

CUSTÓDIO, Helita Barreira. **Responsabilidade civil por danos ao meio ambiente**. Campinas, SP: Millennium, 2006.

DECLARAÇÃO AMERICANA DOS DIREITOS E DEVERES DO HOMEM DE 1948. Coletânea de direito internacional. São Paulo: Revista dos Tribunais, 2007.

DECLARAÇÃO DA CONFERÊNCIA DE ONU NO AMBIENTE HUMANO, ESTOCOLMO, 5-16 DE JUNHO DE 1972. Disponível em: <http//:www.mma.gov.br/estruturas/agenda21/_arquivos/estocolmo.doc>. Acesso em: 05 jun. 2010.

DECLARAÇÃO DE DUBLIN SOBRE ÁGUAS E DESENVOLVIMENTO SUSTENTÁVEL. Disponível em: <http://www.meioambiente.uerj.br/emrevista/documentos/dublin.htm>. Acesso em: 18 fev. 2010.

DECLARAÇÃO DE HAIA SOBRE O MEIO AMBIENTE (1989). Disponível em: <http://www.meioambiente.uerj.br/emrevista/documentos/haia.htm>. Acesso em: 14 fev. 2010.

REFERÊNCIAS

DECLARAÇÃO DO MILÊNIO – JOHANNESBURG (2002). Disponível em: <http://www.un.org/esa/sustdev/documents/WSSD_POI_PD/English/POI_PD.htm>. Acesso em: 22 out. 2010.

DECLARAÇÃO DO RIO DE JANEIRO SOBRE O MEIO AMBIENTE E DESENVOLVIMENTO (1992). Disponível em: <http://www.mma.gov.br/sitio/index.php?ido=conteudo.monta&idEstrutura=18&idConteudo=576>. Acesso em: 09 set. 2010.

DECLARAÇÃO E PROGRAMA DE AÇÃO DE VIENA (1993) – CONFERÊNCIA MUNDIAL SOBRE DIREITOS HUMANOS. Coletânea de direito internacional. São Paulo: Revista dos Tribunais, 2007.

DECLARAÇÃO UNIVERSAL DOS DIREITOS HUMANOS (1948). Coletânea de direito internacional. São Paulo: Revista dos Tribunais, 2007.

DIAS, José de Aguiar. **Da responsabilidade civil**. Rio de Janeiro: Forense, 1973.
– **Da responsabilidade civil**. Rio de Janeiro: Renovar, 2006.
– **Da responsabilidade civil**. Rio de Janeiro: Forense, 1987.

DINIZ, Maria Helena. **Curso de direito civil brasileiro**. Responsabilidade Civil. São Paulo: Saraiva, 2010.

ESTATUTO DA CORTE INTERNACIONAL DA JUSTIÇA (1945). Coletânea de direito internacional. São Paulo: Revista dos Tribunais, 2007.

FACCHINI NETO, Eugênio. **Da responsabilidade civil no novo código**. In: Ingo Wolfgang Sarlet (org). **O novo código civil e a constituição**. Porto Alegre: Liv. Do Advogado, 2003, p. 160.
– **A função social do direito privado**. Revista Jurídica. v. 349, novembro de 2006.

FERNANDES, Flávio da Costa. *et al*. **Água de lastro: ameaça aos ecossistemas**.

São Paulo: Revista Ciência Hoje, n. 188, 2002.
– Apud OLIVEIRA, Uira Cavalcante. **Palestra proferida na ANTAQ**. Disponível em: <http://www.antaq.gov.br/portal/pdf/palestras/UiraCavalcanteOliveiraCBO08Fortaleza.pdf>. Acesso em: 27 mar. 2012.

FERREIRA, Aurélio Buarque de Holanda. **Dicionário Aurélio básico da língua portuguesa**. São Paulo: Nova Fronteira, 1995.

FERREIRA FILHO, Manuel Gonçalves. **Direitos humanos fundamentais**. São Paulo: Saraiva, 2010.

FIORILLO, Celso Antonio Pacheco. **Princípios de direito ambiental**. São Paulo: Saraiva, 2003.
– **Curso de direito ambiental brasileiro**. São Paulo: Saraiva, 2010.
– **Princípios de direito ambiental**. São Paulo: Saraiva, 2003.

FONSECA, Maurílio. **Arquitetura naval**. Universidade Federal Fluminense-UFF. Disponível em: <www.uff.br/petmec/downloads/mecnav/mecnav2.doc>. Acesso em 10 fev. 2010.

FONTES JÚNIOR, Hélio Martins. **A presença do bivalve invasor Limnoperna fortunei na Hidroelétrica de Itaipu**. II Seminário Brasileiro sobre Água de Lastro. Resumos. 2002.

FREITAS, Wladimir Passos de. Matas Ciliares. **Direito ambiental em evolução**. Juruá, 2000.

GAGLIANO, Pablo Stolze; PAMPLONA FILHO, Rodolfo. **Novo curso de direito civil**, v. 3 Responsabilidade Civil. 2ª ed. ver., atual. e ampl. São Paulo: Saraiva, 2004.

GAZZANIGA, Jean-Louis. **Les métamorphoses historiques de La responsabilité**. In: Faculté de droit et dês sciences sociales de Poitiers: Les métamorphoses de La responsabilité. Paris: Presses Universitaires de France, 1997.

GIBERTONI, Carla Adriana Comitre. **Teoria e prática do direito marítimo**. 2ª ed. Rio de Janeiro: Renovar, 2005.

GLOBALLAST. **1st International Ballast Water Treatment Standards Workshop**. IMO London. March 2001 Workshop Report. Disponível em: <*http://globallast.imo.org/workshopreport.htm*>. Acesso em.12 mar. 2009.

– Disponível em: <*http://globallast.imo.org/868%20portuguese.pdf*>. Acesso em: 12 mar. 2009.

– Disponível em: <*http://GloBallast.imo.org*>. Acesso em: 12 mar. 2009.

– Disponível em: <*http://globallast.imo.org/index.asp?page=bwlegis.htm&menu=true*>. Acesso em: 12 mar. 2009.

– Disponível em: <*http://globallast.imo.org/index.asp?page=resolution.htm*>. Acesso em: 12 mar. 2009.

GOMES, Luiz Roldão de Freitas. **Elementos de responsabilidade civil**. Rio de Janeiro: Renovar, 2000.

GOMES, Orlando. **Obrigações**. Rio de Janeiro: Forense, 2000.

GONÇALVES, Carlos Roberto. **Responsabilidade civil**. 8ª ed. rev. de acordo com o novo código civil (Lei 10.406, de 10.01.2002). São Paulo: Saraiva, 2003.

– **Responsabilidade civil**. São Paulo: Saraiva, 2003.

– **Responsabilidade civil**. São Paulo: Saraiva, 2005.

GOOGLE MAPS. Disponível em: <*http://maps.google.com.br/?hl=pt-BR*>. Acesso em: 19 jun. 2012.

– Disponível em: <*http://maps.google.com.br/maps?hl=pt-BR&tab=wl*>. Acesso em: 09 jun. 2011.

HAGUETTE, Maria Teresa. **Metodologias qualitativas na sociologia**. Petrópolis: Vozes, 2000.

HEGENBERG, Leônidas. **Etapas da investigação científica**. São Paulo: EPU-EDUSP, 1976.

KAPPEL, Raimundo F. **Portos brasileiros – novo desafio para a sociedade**. Disponível em: *http://www.sbpcnet.org.br/livro/57ra/programas/CONF_SIMP/textos/raimundokappel.htm*. Acesso em: 12 abr. 2011.

KESSELRING, Ana Beatriz M. A Introdução de Espécies Marinhas Exóticas em Águas Brasileiras pela Descarga da Água de Lastro de Navios. **Revista de Direito Ambiental**, n. 45, p. 11, Jan./mar., 2007.

KISS, Alexandre; SHELTON, Dinah. **Guide to international environmental law**. Leiden, Boston: Martinus Nifhoff, 2007.

LAKATOS, Eva Maria; MARCONI, Marina de Andrade. **Metodologia científica**. 8ª Edição. São Paulo: Atlas, 2000.

LAND, C. G. **Padronização e desenvolvimento de sistemas de tratamento de água de lastro para navios**. Brasília, 2003.

LIMA, Alvino. **Culpa e risco**. São Paulo: Revista dos Tribunais, 1960.

LOPES, Maria Immacolata. **Pesquisa em comunicação**. São Paulo: Loyola, 1997.

LUNA, Expedito José de Albuquerque. **A emergência das doenças emergentes e as doenças infecciosas emergentes e reemergentes no Brasil**. Revista Brasileira de Epidemiologia, v. 5, p. 229-243, 2002.

LYRA, Marcos Mendes. Dano Ambiental. **Revista de Direito Ambiental**. São Paulo, v. 8, p. 49-83, out./dez. 1997.

MACHADO, Paulo Affonso Leme. **Direito Ambiental Brasileiro**. 12ª ed. São Paulo: Malheiros, 2004.

MANSUR, Mária Cristina Dreher. Moluscos bivalves asiáticos introduzidos no sul do

REFERÊNCIAS

Brasil: registros, densidades populacionais e conseqüências. In Seminário Brasileiro sobre Água de Lastro. **Resumos**. 2000.

MANSUR, Mária Cristina Dreher; DARRIGRAN, Gustavo. **Distribución, abundancia y dispersión. In: Bio-invasion del mejillón dorado en el continente americano. Gustavo Darrigran y Cristina Damboronea**. Argentina: Editorial de la Universidad Nacional de La Plata – EDULP, 2006.

MAZEAUD, Henri; MAZEAUD, Jean; MAZEAUD, Leon; CHABAS, François. **Derecho civil: obligaciones**. Trad. Luis Andorno. Avali, 1997, t. 1.

MAZZILLI, Hugo Nigro. **Interesses difusos em juízo**. São Paulo: Revista dos Tribunais, 1994.

MAZZUOLI, Valério de Oliveira. **Tratados internacionais de direitos humanos e direito interno**. São Paulo: Saraiva, 2010.

MEIRELLES, Helly Lopes. **Direito de construir**. São Paulo: Malheiros, 1987.

MELLO, Celso Antonio Bandeira de. **Curso de direito administrativo**. São Paulo: Malheiros, 2007.

MENUCCI, Daniel Lins. *et al.* **Estudo exploratório para identificação e caracterização de espécies patogênicas em água de lastro em portos selecionados no Brasil**. Brasília, 2003.

MILARÉ, Édis. **Direito do ambiente**. São Paulo: Revista dos Tribunais, 2010.

MONTENEGRO, Antonio Lindberg C. **Responsabilidade civil**. 2ª ed. Rio de Janeiro: Edi. Lumen Júris, 1996.

NETO GARCEZ, Martinho. **Responsabilidade civil no direito comparado**. Rio de Janeiro: Renovar, 2000.

ORGANIZAÇÃO DAS NAÇÕES UNIDAS. **Resolução 54/175 da Assembléia Geral da ONU, de Dezembro 1999**. Disponível em: <*http://www.un.org/depts/dhl/resguide/r54.htm*>. Acesso em: 22 jun. 2010.

– **Resolução 32/130 da Assembléia Geral da Organização das Nações Unidas de 16 de Dezembro de 1977**. Disponível em: <*http://www.un.org/depts/dhl/resguide/r31.htm*>. Acesso em: 22 jun. 2010.

– **Resolução 45 da Assembléia Geral da Organização das Nações Unidas de 14 de Dezembro de 1990**. Disponível em: <*http://www.un.org/documents/ga/res/45/a45r094.htm*>. Acesso em: 22 jun. 2010.

– **Resolução 16 de 28 de Abril de 2006. Conselho da Europa de Direito do Ambiente sobre Direito à Água**. Disponível em: <*http://www.cedha.org.ar/docs/doc219-eng.doc*>. Acesso em: 22 set. 2009.

ORGANIZAÇÃO MUNDIAL DA SAÚDE. **Resolução A.868 (20)**. Disponível em: <*http://zoo.bio.ufpr.br/invasores/intern1.htm*>. Acesso em: 12 fev. 2009.

PACTO INTERNACIONAL DE DIREITOS CIVIS E POLÍTICOS (1966). **Decreto 592 de 06 de julho de 1992**. Coletânea de direito internacional. São Paulo: Revista dos Tribunais, 2007.

PACTO INTERNACIONAL DE DIREITOS ECONÔMICOS, SOCIAIS E CULTURAIS (1966). **Decreto 591 de 06 de julho de 1992**. Coletânea de direito internacional. São Paulo: Revista dos Tribunais, 2007.

PEREIRA, Caio Mário da Silva. **Responsabilidade civil**. Rio de Janeiro: Forense, 2001.

PEREIRA, Newton Narciso Pereira; BRINATI, Hernani Luiz; BOTTER, Rui Carlos. **Uma abordagem sobre água de lastro**. Departamento de Engenharia Naval e Oceânica – EPUSP. Disponível em: *http://www.ipen.org.br/downloads/XXI /083_PEREIRA_NEWTON_NARCISO. pdf.* Acesso em: 12 fev. 2010.

PIMENTEL, D. *et al*. Economic and environmental threats of alien plant, animal, and microbe invasions. **Agriculture, Ecosystems and Environment**. v. 84, p. 1-20, 2001.

PIOVESAN, Flávia. **Direitos humanos e o direito constitucional internacional**. São Paulo: Saraiva, 2009.

POPPER, Karl Raimund. **A Lógica da pesquisa científica**. 2ª ed. São Paulo: Cultrix, 1975.

PORTELA, Paulo Henrique Gonçalves. **Direito internacional público e privado**. Bahia: Podivm, 2010.

PORTO, Mário Moacyr. Pluralidade de Causas do Dano e Redução da Indenização por Força Maior e Dano ao Meio Ambiente. **Revista dos Tribunais**. São Paulo, v. 638, p. 7-9, dez. 1998.

PROTOCOLO ADICIONAL À CONVENÇÃO AMERICANA SOBRE DIREITOS HUMANOS EM MATÉRIA DE DIREITOS ECONÔMICOS, SOCIAIS E CULTURAIS (1988). PROTOCOLO DE SAN SALVADOR. **Decreto 678 de 06 de Novembro de 1992**. Coletânea de direito internacional. São Paulo: Revista dos Tribunais, 2007.

PROTOCOLO SOBRE ÁGUA E SAÚDE À CONVENÇÃO SOBRE O USO DE CURSOS DE ÁGUA TRANFRONTEIRIÇOS E LAGOS INTERNACIONAIS DA COMISSÃO EUROPÉIA, DE 17 DE JUNHO DE 1999. Disponível em:. *<http://treaties.un.org/Pages/ ViewDetails.aspx?src=TREATY&mtdsg_ no=XXVII-5&chapter=27&lang=fr>*. Acesso em: 20 set. 2010.

RESOLUÇÃO A.774 (18). Diretrizes para o Controle e Gerenciamento da Água de Lastro dos Navios, para Minimizar a Transferência de Organismos Aquáticos Nocivos e Agentes Patogênicos. Disponível em: *http://globallast.imo.org/ 868%20portuguese.pdf.* Acesso em: 10 jan. 2009.

RESOLUÇÃO A.868 (20), de 05.jul.1991. Disponível em: *http://globallast.imo.org/ resolution.htm*. Acesso em: 20 jan. 2011.

RESOLUÇÃO MEPC. 50 (31), de 1991. Diretrizes internacionais para evitar a introdução de organismos aquáticos não desejados e patógenos da água de lastro dos navios e descargas de sedimentos. Disponível em: *http://www. imo.org/blast/mainframe.asp?topic_id= 435&doc_id=3709*. Acesso em: 12 jan. 2009.

RODRIGUES, Rui Martinho. **Pesquisa acadêmica**. São Paulo: Atlas, 2007.

RODRIGUES, Silvio. **Direito civil. Responsabilidade civil**. São Paulo: Saraiva, 2008.

RUIZ, José Juste. Los Principios Fundamentales Del Derecho Internacional Ambiental. In P. B. Casella (Coord.). **Dimensão internacional do direito**. São Paulo: LTr, 2000.

SACHS, Ignacy. **Estratégias de transição para o século XXI**. São Paulo: Nobel, 1993.

– **Caminhos para o desenvolvimento sustentável**. Rio de Janeiro: Garamond, 2000.

– Desenvolvimento numa economia mundial liberalizada e globalizante: um desafio impossível? IEA/USP. **Revista Estudos Avançados**, São Paulo, v. 11, n. 30: 213-42, 1997.

SANTAELLA, Lucia. **Comunicação e pesquisa**. São Paulo: Hacker, 2001.

SANTOS, Antonio Raimundo dos. **Metodologia científica: a construção do conhecimento**. Rio de Janeiro: DP&A Editora, 1999.

SARLET, Ingo Wolfgang (org). **O novo Código Civil e a Constituição**. Porto Alegre: Livraria do Advogado, 2003.

SERRA VIEIRA, Patrícia Ribeiro. **A Responsabilidade civil objetiva do direito de danos**. Rio de Janeiro: Forense, 2004.

SILVA, José Afonso da. **Direito ambiental constitucional**. São Paulo: Malheiros, 2000.

SILVA, Julieta Salles Vianna da; SOUZA, Rosa Cristina Corrêa Luz de. **Água de lastro e bioinvasão**. Rio de Janeiro: Inteciência, 2004.

SILVA, Wilson Melo da. **Responsabilidade sem culpa**. São Paulo: Saraiva, 1974.

– **Responsabilidade sem culpa e socialização do risco**. Belo Horizonte: Ed. Bernardo Álvares, 1962.

SILVEIRA, Paulo Antonio Caliendo Velloso da. Responsabilidade civil da administração pública por dano ambiental. **Revista AJURIS**, Porto Alegre, n. 72, p. 162-185, mar. 1988.

SOARES, Guido Fernando Silva. **A proteção internacional do meio ambiente**. Barueri: Manole, 2003.

– Direito Internacional do Meio Ambiente. In Leonardo Nemer Caldeira Brant. **O Brasil e os desafios do direito internacional**. Rio de Janeiro: Forense, 2004.

STOCO, Rui. **Tratado de responsabilidade civil**. São Paulo: Revista dos Tribunais, 2004.

TRIBUNAL INTERNACIONAL DO DIREITO DO MAR. Disponível: *http://www.itlos.org/*. Acesso em: 12 fev. 2010.

TRINDADE, Antonio Augusto Cançado. **Direitos humanos e meio ambiente: paralelo dos sistemas de proteção internacional**. Porto Alegre: Fabris, 1993.

– **A proteção internacional dos direitos humanos: fundamentos jurídicos e instrumentos básicos**. São Paulo: Saraiva, 1991.

– A proteção internacional dos direitos humanos no liminar do novo século e as perspectivas brasileiras. In Gelson Fonseca Júnior (org.). **Temas de política externa brasileira**. Rio de Janeiro: Paz e Terra, 1994.

– Meio ambiente e desenvolvimento: formulação, natureza jurídica e implementação do direito ao desenvolvimento como um direito humano. **Arquivos do Ministério da Justiça,** Brasília, v. 46, n. 181, p. 161-91, jan/jun. 1991.

– **Memorial em prol de uma nova mentalidade quanto à proteção dos direitos humanos nos planos internacional e nacional**. Arquivos de Direitos humanos, Rio de Janeiro, n. 1, 1999.

– **A proteção internacional dos direitos humanos e do Brasil**. Brasília: UnB, 2000.

– **O esgotamento de recursos internos no direito internacional**. 2ª ed. Brasília: UnB, 1997.

– **A humanização do direito internacional**. Belo Horizonte: Del Rey, 2006.

– **O Direito internacional em um mundo em transformação**. Rio de Janeiro: Renovar, 2002.

VENOSA, Silvio de Salvo. **Direito civil**. Responsabilidade Civil. São Paulo: Atlas, 2004.

VIEIRA, Patrícia Ribeiro Serra. **Responsabilidade civil objetiva no direito de dano**. Rio de Janeiro: Forense, 2004.

ZANELLA, Tiago Vinicius. **Água de lastro: um problema ambiental global**. Curitiba: Juruá, 2010.

Anexos

Annex

ANEXO A – Formulário para informações relativas à água utilizada como lastro e sua versão em inglês previstos na RDC nº 217/ANVISA

1. INFORMAÇÕES RELATIVAS AO NAVIO   **2. ÁGUA UTILIZADA COMO LASTRO**

Nome do Navio:	Tipo:	Nº IMO	Especificar as Unidades: m³, MT, LT, ST
Proprietário	AB:	Indicativo de chamada:	Total de Água de Lastro a Bordo
Bandeira:	Data de Chegada:	Agente:	
Último Porto:		Porto de Chegada	Capacidade Total de Água de Lastro
Próximo Porto:			

3. TANQUES DE ÁGUA DE LASTRO EXISTE PLANO DE GERENCIAMENTO DE ÁGUA DE LASTRO A BORDO? SIM ☐ NÃO ☐ , FOI IMPLEMENTADO? SIM ☐ NÃO ☐
Nº TOTAL DE TANQUES A BORDO   Nº DE TANQUES EM LASTRO   SE NENHUM EM LASTRO, PASSE PARA Nº 5
Nº   DE   TANQUES   COM   TROCA   DE   ÁGUA   Nº   DE   TANQUES   SEM   TROCA   DE   ÁGUA

4. HISTÓRICO DA ÁGUA DE LASTRO: REGISTRAR TODOS OS TANQUES QUE SERÃO DESLASTRADOS NO PORTO DE CHEGADA. SE NENHUM, PASSE PARA O Nº 5

Tanques/Porões (liste separada-mente as diversas fontes/tanques	ORIGEM DA ÁGUA DE LASTRO					TROCA DA ÁGUA DE LASTRO diluição (1) ,fluxo contínuo(2), seqüencial (3)						DESCARGA DA ÁGUA DE LASTRO			
	DATA DDMMAA	Porto ou Lat/Long *	Volume (unidades)	Temp (unidades)	Salinidade (unidades)	DATA DDMMAA	Ponto Final Lat/Long.	Volume unidades	% de troca	Prof. (m)	Método de troca (1/2/3)	DATA DDMMAA	Porto ou Lat/Long. *	Volume unidades	Salinidade Unidades

Código para Tanques de Água de Lastro: Tanque de Colisão AV = FP, Tanque de Colisão AR = AP, Duplo Fundo = DB, Lateral = WT, Lateral Sup.= TS, Porão = CH, Outros = O

SE NÃO HOUVE TROCA DA ÁGUA DE LASTRO, INDICAR OUTRA(S) AÇÃO(ÕES) DE CONTROLE EFETUADA(S)
SE NÃO TIVER SIDO EFETUADA NENHUMA, INDICAR PORQUE NÃO

5. EXISTE A BORDO A CONVENÇÃO INTERNACIONAL SOBRE CONTROLE E GESTÃO DA ÁGUA DE LASTRO E SEDIMENTOS DE NAVIOS, adotada em fevereiro de 2004? SIM ☐ NÃO ☐   E A RESOLUÇÃO DA IMO A.868(20)? SIM ☐ NÃO ☐
NOME E POSTO DO OFICIAL RESPONSÁVEL (LETRA DE IMPRENSA) E ASSINATURA
*Nos campos PORTO ou LAT. LONG., preencher preferencialmente com o nome do PORTO.

BALLAST WATER REPORTING FORM

1. SHIP INFORMATION

2. BALLAST WATER

Vessel name:	Type:	IMO Number:	Specify Units: M ^{3}, MT
Owner	Gross Tonnage:	Call Sign:	Total Ballast Water on Board:
Flag:	Arrival date:	Agent:	
Last Port and Country:		Arrival Port	Total Ballast Water Capacity:
Next Port and Country:			

3. BALLAST WATER TANKS Ballast Water Management Plan on board? YES ☐ NO ☐ Management Plan Implemented? YES ☐ NO ☐
Total number of ballast tanks on board: No. of tanks in ballast: IF NONE IN BALLAST GO TO No. 5.
No. of tanks exchanged: No. of tanks not exchanged:

4. BALLAST WATER HISTORY: RECORD ALL TANKS THAT WILL BE DEBALLASTED IN PORT STATE OF ARRIVAL; IF NONE GO TO No. 5.

Tanks/ Holds (List multiple sources per tank separately)	BALLAST WATER SOURCE					BALLAST WATER EXCHANGE Dilution (1), Flow Through (2) or Empty/Refill (3)						BALLAST WATER DISCHARGE			
	DATE DDMMYY	Port or Lat/Long*	Volume (units)	Temp (units)	Salinity (units)	DATE DDMMYY	Endpoint Lat/Long.	Volume (units)	% Exch	Depth (m)	BW exchange method	DATE DDMMYY	Port or Lat/Long*	Volume (units)	Salinity (units)

Ballast Water Tank Codes: Forepeak = FP, Aftpeak = AP; Double Bottom = DB; Wing = WT; Topside = TS; Cargo Hold = CH; Other = O

IF EXCHANGES WERE NOT CONDUCTED, STATE OTHER CONTROL ACTION(S) TAKEN:

**5. INTERNATIONAL CONVENTION FOR THE CONTROL AND MANAGEMENT OF SHIPS' BALLAST WATER AND SEDIMENTS, 2004 ON BOARD? YES☐ NO☐
IMO BALLAST WATER GUIDELINES ON BOARD (RES. A.868(20))? YES☐ NO☐RESPONSIBLE OFFICER'S NAME AND TITLE (PRINTED) AND SIGNATURE:**
*Fulfil with Port's name, preferably.

ANEXO B – Formulário para informações relativas à água utilizada como lastro previsto no anexo A da NORMAM-20/DPC

ANEXO A

FORMULÁRIO PARA INFORMAÇÕES RELATIVAS À ÁGUA UTILIZADA COMO LASTRO

☐ Formulário retificador ☐ Troca de lastro (oceânica) ☐ 2ª Troca de lastro (estuários dos rios Amazonas e Pará)

1. INFORMAÇÕES RELATIVAS AO NAVIO

2. ÁGUA UTILIZADA COMO LASTRO

Nome do Navio	Tipo:	Nº IMO	Especificar as Unidades: m³, MT, LT, ST
Proprietário	AB:	Indicativo de chamada:	Total de Água de Lastro a Bordo
Bandeira:	Data de Chegada:	Agente:	
Último Porto:		Porto de Chegada	Capacidade Total de Água de Lastro
Próximo Porto:			

3. TANQUES DE ÁGUA DE LASTRO EXISTE PLANO DE GERENCIAMENTO DE ÁGUA DE LASTRO A BORDO? SIM___ NÃO___ FOI IMPLEMENTADO? SIM___ NÃO___

Nº TOTAL DE TANQUES A BORDO ____ Nº DE TANQUES EM LASTRO _____ SE NENHUM EM LASTRO, PASSE PARA Nº 5

Nº DE TANQUES COM TROCA DE ÁGUA _____ Nº DE TANQUES SEM TROCA DE ÁGUA _____

. HISTÓRICO DA ÁGUA DE LASTRO: REGISTRAR TODOS OS TANQUES QUE SERÃO DESLASTRADOS NO PORTO DE CHEGADA. SE NENHUM, PASSE PARA O Nº 5 (BACIA AMAZÔNICA, PROCEDER DE ACORDO COM O ITEM 3.4 DA NORMAM 20).

Tanques/Porões (liste separada -mente as diversas fontes/tanques	ORIGEM DA ÁGUA DE LASTRO (4.1)					TROCA DA ÁGUA DE LASTRO (4.2) diluição (1) ,fluxo contínuo(2), seqüencial (3)						DESCARGA DA ÁGUA DE LASTRO (4.3)			
	DATA DDMMAA	Porto ou Lat/Long .	Volume (unidades)	Temp (unidades)	Salinidade (unidades)	DATA DDMMAA	Ponto Final Lat/Long.	Volume unidades	% de troca	Prof. (m)	Método de troca (1/2/3)	DATA DDMMAA	Porto ou Lat/Long. .	Volume unidades	Salinidade Unidades

Código para Tanques de Água de Lastro: Tanque de Colisão AV = FP, Tanque de Colisão AR = AP, Duplo Fundo = DB, Lateral = WT, Lateral Sup.= TS, Porão = CH, Outros = O

SE NÃO HOUVE TROCA DA ÁGUA DE LASTRO, INDICAR OUTRA(S) AÇÃO(ÕES) DE CONTROLE EFETUADA(S) _____

SE NÃO TIVER SIDO EFETUADA NENHUMA, INDICAR PORQUE NÃO _____

5. EXISTE A BORDO A CONVENÇÃO INTERNACIONAL SOBRE CONTROLE E GESTÃO DA ÁGUA DE LASTRO E SEDIMENTOS DE NAVIOS, adotada em fevereiro de 2004? SIM _____ NÃO _____ E A RESOLUÇÃO DA IMO A.868(20)? SIM _____ NÃO _____

NOME E POSTO DO OFICIAL RESPONSÁVEL (LETRA DE IMPRENSA) E ASSINATURA _____

ANEXO C – Formulário para informações relativas à água de lastro previsto no anexo B da NORMAM-20/DPC (Ballast water reporting form)

ANEXO B

BALLAST WATER REPORTING FORM

☐ Amended Reporting Form   ☐ Ballast water exchange (mid-ocean)   ☐ 2ª Ballast water exchange (Amazon and Para rivers)

1. SHIP INFORMATION

2. BALLAST WATER

Vessel Name:	Type:	IMO Number:	Specify Units: M ^{3}, MT
Owner:	Gross Tonnage:	Call Sign:	Total Ballast Water on Board:
Flag:	Arrival Date:	Agent:	
Last Port and Country:		Arrival Port:	Total Ballast Water Capacity:
Next Port and Country:			

3. BALLAST WATER TANKS BALLAST WATER MANAGEMENT PLAN ON BOARD? YES _____ NO _____ MANAGEMENT PLAN IMPLEMENTED? YES____NO____
TOTAL NUMBER OF BALLAST TANKS ON BOARD: _____   NO. OF TANKS IN BALLAST: _____   IF NONE IN BALLAST GO TO NO. 5.
NO. OF TANKS EXCHANGED: _____   NO. OF TANKS NOT EXCHANGED: _____

4. BALLAST WATER HISTORY: RECORD ALL TANKS THAT WILL BE DEBALLASTED IN PORT STATE OF ARRIVAL; IF NONE GO TO No. 5. (SHIPS TOWARD AMAZON BASIN: ITEM 3.4, NORMAM 20).

Tanks/ Holds (List multiple sources per tank separately)	BALLAST WATER SOURCE (4.1)					BALLAST WATER EXCHANGE (4.2) Dilution (1), Flow Through (2) or Empty/Refill (3)						BALLAST WATER DISCHARGE (4.3)			
	DATE DDMMYY	Port or Lat/Long *	Volume (units)	Temp (units)	Salinity (units)	DATE DDMMYY	Endpoint Lat/Long.	Volume (units)	% Exch	Depth (m)	BW exchange method	DATE DDMMYY	Port or Lat/Long *	Volume (units)	Salinity (units)

Ballast Water Tank Codes: Forepeak = FP, Aftpeak = AP; Double Bottom = DB; Wing = WT; Topside = TS; Cargo Hold = CH; Other = O

IF EXCHANGES WERE NOT CONDUCTED, STATE OTHER CONTROL ACTION(S) TAKEN:_____
IF NONE STATE REASON WHY NOT:_____
5. INTERNATIONAL CONVENTION FOR THE CONTROL AND MANAGEMENT OF SHIPS' BALLAST WATER AND SEDIMENTS, 2004 ON BOARD?   YES____ NO_____
IMO BALLAST WATER GUIDELINES ON BOARD (RES. A.868(20))? YES_____ NO_____
RESPONSIBLE OFFICER'S NAME AND TITLE (PRINTED) AND SIGNATURE: _____

ANEXO D – Auto de infração ambiental previsto no anexo F da NORMAM-20/DPC

ANEXO F

Auto de Infração Ambiental

| MARINHA DO BRASIL DIRETORIA DE PORTOS E COSTAS | Número: | Data do Auto: |
| | Nº Notificação: | |

Nome do Infrator:

Responsável / Preposto:

| Nome da Embarcação: | Inscrição: |

Porto de Inscrição:

| Data da Infração: | Hora da Infração: | Local da Infração: |

Enquadramento **Descrição do Enquadramento**

EXTRATO DO DISPOSITIVO LEGAL DO PROCEDIMENTO ADMINISTRATIVO A SER OBSERVADO DE ACORDO COM O TIPO DE AUTUAÇÃO

Tomei conhecimento da presente autuação e do prazo para apresentar defesa.

Em ___/___/_____ (a) _____

LISTA DE ABREVIATURAS E SIGLAS

ADI Ação Direta de Inconstitucionalidade
AG Agências
AIT Autorização de Inscrição Temporária
AJB Águas Jurisdicionais Brasileiras
AM Autoridade Marítima
ANTAQ Agência Nacional de Transportes Aquaviários
ANVISA Agência Nacional de Vigilância Sanitária
BWM Ballast Water Maritime
CIRM Comissão Interministerial para os Recursos do Mar
CF Constituição Federal
CMMAD Comissão Mundial sobre o Meio Ambiente e Desenvolvimento
CONAMA Conselho Nacional do Meio Ambiente
CP Capitanias
DIGESA Direção Geral de Saúde Ambiental
DL Delegacias
DPC Diretoria de Portos e Costas
GI-GERCO Grupo de Integração do Gerenciamento Costeiro
GISIS Global Integrated Shipping Information System
GLOBALLAST Global Ballast Water Management Programme
IBAMA Instituto Brasileiro do Meio Ambiente e dos Recursos Naturais Renováveis
ICMBio Instituto Chico Mendes de Conservação da Biodiversidade
IEAPM Instituto de Estudos do Mar Almirante Paulo Moreira
IMO International Maritime Organization
MARPOL Convenção Internacional para a Prevenção da Poluição por Navios
MEPC Comitê de Proteção ao Meio Ambiente Marinho
MMA Ministério do Meio Ambiente

MSC	Comitê de Segurança Marítima
MT	Ministério dos Transportes
NORMAM	Norma da Autoridade Marítima
NPCP	Normas e Procedimentos da Capitania dos Portos
OMS	Organização Mundial de Saúde
ONG	Organização não Governamental
ONU	Organização das Nações Unidas
PGA	Programa de Gestão Ambiental
PNUD	Programa das Nações Unidas para o Desenvolvimento
POLI-USP	Escola Politécnica da Universidade de São Paulo
PPM	Particulas Por Milhão
PPP	Princípio do Poluidor Pagador
PRFD	Port Reception Facilities Database
RDC	Resolução da Diretoria Colegiada da Agência Nacional de Vigilância Sanitária
R. O.	Recognized Organization
SEMA	Secretaria de Meio Ambiente do Estado do Amapá
SGA	Sistema de Gestão Ambiental
SISNAMA	Sistema Nacional do Meio Ambiente
SPA	Segurança de Tráfego Aquaviário da Capitania dos Portos do Amapá
STF	Supremo Tribunal Federal
SUS	Sistema Único de Saúde
UC	Unidades de Conservação
UNEP	Programa de Meio Ambiente das Nações Unidas
UNCTAD	Conferências das Nações Unidas sobre Comércio-Desenvolvimento

LISTA DE FIGURAS

Figura 1. Uso da Água de Lastro   26

Figura 2. Localização dos Portos Brasileiros   31

Figura 3. Fotografia mostrando vista aérea do Farol da Ponta do Chapéu
Virado (Ilha do Mosqueiro-PA)   37

Figura 4. Troca da Água de Lastro pelo método Sequencial   57

Figura 5. Troca da Água de Lastro pelo método do Fluxo Contínuo   57

Figura 6. Troca da Água de Lastro pelo método de Transbordamento   58

Figura 7. Troca da Água de Lastro pelo método da Diluição   59

Figura 8. Fiscalização a bordo de navio   62

Figura 9. Acesso ao tanque de água de lastro   62

Figura 10. Análise da salinidade da água de lastro realizada a bordo do navio
pelos agentes da autoridade marítima   63

Figura 11. Refratômetro, instrumento utilizado para medir a salinidade
da água de lastro   63

Figura 12. Refratômetro e garrafa contendo água de lastro colhida
do tanque do navio   64

Figura 13. Mapa indicando a localização geográfica dos Fundeadouros
da Fazendinha e de Macapá, no município de Macapá – AP   72

Figura 14. Fotografia mostrando vista aérea de navios fundeados
no Fundeadouro da Fazendinha   73

Figura 15. Fotografia mostrando vista aérea de navios fundeados
no Fundeadouro da Fazendinha   73

Figura 16. Fotografia mostrando vista aérea de navios fundeados
nos Fundeadouros da Fazendinha e de Macapá, desde a orla
da cidade de Macapá – AP até a Fazendinha   74

LISTA DE ANEXOS

ANEXO A
Formulário para informações relativas à água utilizada como lastro
e sua versão em inglês previstos na RDC nº 217/ANVISA 171

ANEXO B
Formulário para informações relativas à água utilizada como lastro
previsto no anexo A da NORMAM-20/DPC 173

ANEXO C
Formulário para informações relativas à água de lastro previsto
no anexo B da NORMAM-20/DPC (Ballast water reporting form) 174

ANEXO D
Auto de infração ambiental previsto no anexo F da NORMAM-20/DPC 175

SUMÁRIO

APRESENTAÇÃO DA OBRA E DO AUTOR	7
PREFÁCIO	11
INTRODUÇÃO	21

1. ORIGEM E DEFINIÇÃO DA ÁGUA DE LASTRO   25
1.1. Implicações da Água de Lastro   28
1.2. A Legislação Nacional da Água de Lastro   31
1.3. O Direito Internacional e a Água de Lastro   38
    1.3.1. Convenção Internacional sobre Água de Lastro   45
1.4. A Gestão da Água de Lastro nos Portos Brasileiros, o Gerenciamento da Água de Lastro nos Navios e a Responsabilidade Administrativa de seus Operadores   49
    1.4.1. A Gestão da Água de Lastro pelos Portos   50
    1.4.2. Gerenciamento da Água de Lastro pelos Navios   52
    1.4.3. Competência Administrativa – Fiscalização e Sanções   59
    1.4.4. Responsabilidade Administrativa dos Operadores do Sistema de Gerenciamento da Água de Lastro   64
    1.4.5. Do Tribunal Marítimo   69
1.5. Os Fundeadouros da Fazendinha E de Macapá, no Município de Macapá-Ap e a Água de Lastro   71

2. O DIREITO HUMANO E FUNDAMENTAL AO MEIO AMBIENTE SADIO E ECOLOGICAMENTE EQUILIBRADO   77
2.1. O Princípio do Desenvolvimento Sustentável   87
2.2. O Princípio do Poluidor-Pagador   92
2.3. O Princípio da Cooperação entre os Povos   94
2.4. O Controle da Bioinvasão pela Água de Lastro no Cenário Internacional   96

SUMÁRIO

2.5. Propostas de Mudanças Legislativas Visando a Melhora do Sistema
de Gerenciamento e Controle da Água de Lastro no Brasil   101

3.   A RESPONSABILIDADE CIVIL DOS OPERADORES
DO SISTEMA DE GERENCIAMENTO DE ÁGUA DE LASTRO   109

3.1. Responsabilidade Civil: Conceito e Evolução   109

    3.1.1.   Teorias da Responsabilidade Civil: Subjetiva e Objetiva   114

    3.1.2.   A Responsabilidade Civil Subjetiva e Objetiva no Direito
Brasileiro   120

3.2. A Responsabilidade Civil Ambiental dos Operadores do Sistema
de Água de Lastro no Âmbito Nacional   121

3.3. A Responsabilidade Civil Ambiental Internacional por Danos Marítimos
Relativos ao Deslastre Indevido da Água de Lastro   138

    3.3.1.   Tribunal Internacional do Direito do Mar   143

    3.3.2.   Corte Interamericana de Direitos Humanos   145

    3.3.3.   Corte Internacional de Justiça   148

CONCLUSÃO   151

REFERÊNCIAS   157

ANEXOS   169

LISTA DE ABREVIATURAS E SIGLAS   177

LISTA DE FIGURAS   179

LISTA DE ANEXOS   181